日本人を導く大原幽学

北岡正敏

はじめに

最近の日本は社会全体が機能しなくなってきた。昭和の日本では考えられない事件がつぎつぎに起きている。日本は国ごと漂流し、国家としての機能が働いていない。その一例として二〇二三年の小中学校の不登校児童数は二九万九千人で前年の二二％も増加している。同じ年の自殺者数は二万人以上である。オレオレ詐欺で高齢者をだまして金を奪うという事件は戦前の日本にはなかった。国家が異常事態になっている。このままでは不登校児童や自殺者はますます増えて行く。その原因は敗戦でＧＨＱ（占領軍）が作成した矛盾だらけの憲法と教育基本法を押し付けたことから始まる。そのいい例が憲法で軍隊を持てない珍しい国であるが、世界でも有数の軍事予算を使っている。原爆を二発も投下し、全国の都市を無差別に爆撃し、日本民族の抹殺を実行した米国が作成した憲法を平和憲法と信じている人がいる。憲法は民族抹殺の最終手段で劇薬である。その証拠が犯罪の悪質さと多さに出ている。矛盾だらけの憲法のもとで、日本は官僚が支配する独裁国家になっている。教育基本法では教育の目標を「人格の完成」にしている。国権よりも人権を重んじ、国家の存在よりも個人を重んじている。個人は何をしても自由で、それが人格の完成になると教えている。われわれの祖先が二千数百年にわたって培ってきた美しい風俗、習慣、道徳、信仰を捨て去った罰がいたるところで起きている。人々の断絶と疎外が起き、子が母を殺し、父が子を殺し、母親が赤子をゴミ箱にすてるという、日本史以来の妖事が起きている。日本人は欲のために動き、神を恐れない傲慢な畜生になりさがっている。戦前の教育勅語では、「崇祖敬老忠君愛国」で祖先や老人を敬うことをめざし、国家に忠誠をつくし、親は子を愛育し、親に孝養を尽くし、兄弟姉妹は助け合い、友を大切にし、人々を愛し人格を磨くことを教えていた。この国を支配している官僚は支配階級に属し、知識人やマスコミと同盟関係を組んで国民を導いている。彼らは自分の属する省の利益しか考えず、国益など気にかけていない。しかし、彼らは国益のために働いていると信じている。官僚には、能率という考えがなく、競争のない役所や中央官庁ではムダなことばかりしている。政治家のみが官僚に権力をかけることができるが、国民の支持がない。「文明の衝突」の著書で知られるハンチントンも日本文明を世界の八つの文明のひとつに数えている。しかし、小さい島国で限られた地域のため、消滅を心配している。中国の李鵬首相が一九九五年にオーストラリアの首相との会見で日本は二十年後に消えてなくなると発言した。国家が消滅の危機に立っているのに政治家や官僚は私利私欲で国を動かしている。この狂った日本人を再生させる上で教えを乞う人物がいる。名前を大原幽学という今から百六十年前にでてきた漂泊の浪人である。彼は科学的管理法を考え出したアメリカのテイラーよりも六十年前に二宮尊徳と同じ時代にその手法を開発している。幽学は農業を科学的管理法でおこない、ムリ・ムダを無くして生産性を高めた。さらに農業の分野に「システム」という、当時では考えられない、ビジネスモデルを採用して改革に成功した。彼は万能の天才に近い能力を持っていた。房総の地で農村と農民のために、科学的管理法を採用し、生産性を大幅に高めた。この手法を、農地改革・農道の整備・用水の確保・暗渠排水の整備・農地の最適配置・土壌改良を測量技術を駆使して実現した。肥料の開発、農業経営に標準化を採用し、住宅や墓石まで標準化した。システム設計による農地や農家の適正配置、圃場の整理もした。病気の人を救済するため医術を施し、調薬もした。さらに断易・観相・観家・歴数・鑑刀など万能の能力を房総の農民に実践してみせた。彼の立ち上げた先祖株組合は現在の農協に発展している。彼が活躍した天保年間は大飢饉で、数十万人の餓死者がでた混乱の時代であった。幽学は生い立ちから謎だらけで、ほんとうの幽学の姿は隠れている。残された資料のみでは彼のおこなった数々の偉大な業績は説明できない。彼は飢饉で疲弊した農村を立て直し、農業の生産性を高め、人びとが食べることに苦労しない世界を房総の農民に指導した。彼は多くの弟子を指導し、人間として生きる道を示した。幽学はどこからこのような独創的な思考法を導入したのか、彼の残した仕事を遊歴の旅から検証してみる。彼は高野山に四度も登り約五年以上をすごした。ここで学んだ空海の曼荼羅の世界と農業技術、松尾寺での提宗和尚からの教えは後の人生に大いに役立っている。二十四年にわたる遊歴の旅で多くのことを習得した。本書では幽学のおこなった独創的なその業績を描いてみる。最後にもっとも大切なことは、大原幽学は武士道に生きた侍であったことである。武士道は今なお我々の心の中にあって、力と美を兼ね備えた生きた対象である。彼は村で起きた困苦、逆境においても忍耐と高潔な心で立ち向かった。そして、彼は自分の不徳と多くの人に迷惑をかけたことを詫びて切腹をした。武士道にそって生きる勇気と死ぬ勇気を人々に示した。彼の生涯は今も日本人の心をひきつけてやまない。また、幽学を支えた多くの人物は現在では会うことができない無欲の巨人たちであった。

令和六年

大原幽学も訪れた鎌倉の大塔宮近くの寓居にて

北岡正敏

目次

第一章　大原幽学の生い立ち

■敗戦による家庭の崩壊

大原幽学研究の権威であり教育者の越川春樹は戦前の日本の家庭を振り返りつぎのように述べている。「われわれの祖先の生活の中にはまだ礼節があり、哲学があり、信仰があり、芸術があった。温かい家庭生活の中で、良い習慣が養われ、親戚・隣人・客人に交わって、よい社会的訓練が行われた」と戦前の家族制度での家庭を高く評価している。そして「今日の世の中を見ると、国家には学問だ、教育だ、芸術だと盛んにおこなわれているようだが、静かに考えてみると、それらの文化がどれだけ我々の心や家庭生活や、郷土生活を豊にうるおしているのであろうか」と敗戦から十二年たつた後の日本の現状をみて疑っている。そして、「今日の家庭は、疲れてかえる男女の休憩所か合宿所にすぎなくなっている」と家庭が若い人の合宿所のような単なる顔見の宿泊所になりはてているとみている。「教育も、信仰も、芸術も、われわれの直接の生活の中には生きていなくなった」と日本を支える家庭の崩壊をなげいている。

大東亜戦争の敗戦で強力な軍事力は解体され、日本人は大きな財政負担から解放された。しかし、日本軍の軍事力によりインドネシア、ベトナム、マレーアシ、シンガポール、インドをはじめアジアの有色民族の国々は白人国家から独立できた。敗戦後、アメリカにより日本は大きな精神的な敗北をした。ＧＨＱ（連合国軍最高司令部）の一方的な極東軍事裁判に日本人は何の抵抗もせずアメリカのいいなりになった。ＧＨＱは日本原住民洗脳計画（ＷＧＩＰ）の開始とともに大手新聞社の事前検閲、ＮＨＫの占領軍への全面な協力で米軍の一方的な正義を打ち出し、日本人を洗脳した（関野通夫「日本人を狂わせた洗脳工作」)。そして、大日本帝国の悪役の放送を開始した。アメリカは自らの戦争犯罪に怯えて出版物の事後検閲、350万通の電話の盗聴、400万人の手紙の開封、日本の警察もしなかった「焚書(ふんしょ)」という戦前に出版された二十二万冊の本の中から七千七百六十九冊の書物はすべて没収した。GHQはナチスと同じことをおこなった。まさに日本民族が経験したことのない思想弾圧をした。日本人はGHQの命令に反対もせず、伝統ある日本文化を破壊したことから混乱が始まった。この混乱はますますひどくなる。GHQによる家族制度や日本文化の破壊の目的は完全に達成されたわけである。あとは日本民族の滅亡を待つだけである。

■日本人は死んだ

ユダヤ人のラビであるトケイヤー博士は四〇年前に「日本人は死んだ」という本を書いた。その中で「日本人は軍国主義というなまえのもとに日本的な美徳を抹殺されてしまった」と述べている。そして「学校教育のカリキュラムもすべて、徹底的に変更されることになった。あらゆるものが変わり、後に残ったのは、巨大な空虚さだけであった。日本の伝統的な宗教である仏教も無力化し、神道的な考えも非常に弱くなった」とみている。戦後の日本の教育は戦前の教育の批判、過去の日本の批判から出発した。本来の教育は日本民族が縄文時代以来の民族の遺産を後世に伝えることである。ところが、民族の伝統を忘れさせられてしまった。この結果、日本人がもっていた、思いやり、責任感、博愛、家族愛や友人愛、親への孝などをすべて捨ててしまった。アメリカのような歴史の無い底の浅い文化を受け入れたことが今日の混乱のもとであった。日本人は「軍国主義」という言葉の定義もせずに疑いもせずアメリカや左翼日本人の言葉を信じた。軍国主義国という言葉を論理的に考えることもしなかった。この当時のアメリカ、ソ連、共産中国、イギリス、フランスなどの国は巨大な軍事国家であり、いまもそうである。しかし、今も文系法学部が支配する日本では論理思考ができなくなって、疑うことをあきらめて嘘を信じてきた。現在の日本には国全体に空虚さがおおい、目的を無くし経済優先のみで生きている漂流民族になっている。混乱はますます続いていく。清水幾太郎はいう「すべての民族の歴史は栄光と屈辱とで編まれている。そして、歴史を食い荒らしてはならない」と忠告をあたえている。

■狂いだした日本国

最近の日本の社会全体が機能しなくなった。その一例として若い人の凶悪な犯罪、官僚化した役所の組織が機能しなくなった、議員の政務活動費の不正受給、川崎市の老人ホームでの転落死事件での神奈川県警の情報共有化ミス、横浜市のマンション（４棟）の旭化成建材の不正なくい打ち事件、国会議員の機能の低下した審議、警察や教育者の不正な事件など戦前の日本では考えられない事件がつぎつぎに起きている。これらの事件や問題に共通しているには

（一）組織が機能していない、いわゆるシステムといわれる見えない世界の問題が起きている。
（二）科学的管理法でいう能率という考えがなく、ムダ・ムリ・ムラなことをしている、
（三）倫理観が欠如して、自分の欲のために生きている、仏教でいう畜生になりさがってきた。

この混乱した日本を少しでも正常化しなければならない。われわれはこの三つの問題を同時に解決しないと、この国の未来はなくなる。そのためにはどのようにすべきなのだろうか？ここに一つのヒントとなる人物がいる。いまから百六十年前の幕末に活躍した大原幽学という武士道に生きた浪人で

ある。幕末の関東地方の農村は大飢饉で多くの人が餓死し、打ちこわしが起きた。農民は年貢が収められず村から逃げていった。食えなくなった多くの浪人や百姓が博打や渡世人になり人々から金をとり悪事を働いた。女性は遊女となって生きていた。まさに明治維新前の混乱した時代であった。

■日本人とその文化

日本全体が狂いはじめたその原因は先に述べたように敗戦でＧＨＱの命令にしたがい、憲法と教育基本法の強制導入があり、もう一つ大きな原因は日本人がアメリカの豊かさにあこがれ物質主義に走ったことである。さらに共産主義の影響でソ連や中国のマルキシズムの唯物論が戦後の日本を狂わせてしまった。アメリカの豊かな一面のみをみて大きな誤解をした。現在のアメリカは殺人に代表される多くの犯罪が起き、貧富の差が大きく、医療保険の不備や人種問題など大きな問題をかかえている。これまで十年ごとにアメリカを訪問してきたが、４０年前とは大きく社会全体が変わってしまっている。世界的な歴史学者のトインビーや国際政治学者のハンチントンは、日本文明は中華文明とは異質のものであり独立した文明とみている。しかし、敗戦で日本文明という独自の巨大な財産の重要な部分を捨ててしまった。物質主義やマルクスの唯物論は人間の精神ということを無視した単純な思想である。ここでは、天才数学者であった岡潔教授の考えをまじえて現在の物質文明と戦前の八百万神（やおろずのかみ）がいたるところに住んでいた日本を比較して大原幽学を知るための入り口に立ってみる。

（一）現在の日本人の行動をまとめるとつぎのようになる。

この世の中は始めに時間・空間というものがある。この時間・空間の中に自然があり、その自然も物質とみている。また、そこにいる、日本人の肉体もたんなる物質とみなしている。美しい山や川は自然であるが金を出すと飛行機やバスでつれていってくれる観光地とみなしている。ちょうどディズニーランドと同じで、金を払うと千葉県浦安の遊園地で自然を買うことができる。金を払うと眠ったまま富士山や日本アルプスに観光バスで行くことができる。縄文時代からの信仰の場をすべて観光地にしてしまった。たとえば日本人の魂の故郷で信仰の山である富士山にスバルラインという観光道路ができ二千メートルまで自動車で移動することができる。富士山は信仰の山から金を出すと自動車やバス登れる遊園地になった。あらゆるところから日本の神々が消えた。現在の日本人は唯物論主義にはしりすべてが科学で説明できると信じている。しかし、天才物理学者のアインシュタインをはじめ西欧の多くの科学者は科学で説明できるのはごく一部であると証明している。西欧の科学者は神の存在を信じ、科学で自然のすべてを説明できるとは思っていない。現代の進歩した科学技術を用いても蟻や蜘蛛やカラスや雀一匹も製作できない。

（二）戦前までの日本人の行動には自然への崇拝があった

戦前までの日本人は八百万の神を信じて生きてきた。田植えのとき村人は神に豊作を祈願して、田の神に祈った。人間は自然の中で生かされており、天照大御神を信じて生活をしていた。山に入って木を伐るときは、しめ縄をはり、米をささげ、山の神に感謝した。家には神棚があり天照大御神をはじめ多くの神の御札があり神が家に住んでいた。人間には自然を敬う心があり、その心の中に自然があり大御神がやどっていた。家の中にも便所の神、カマドの神などいろいろな神が鎮座していた。さらに、仏壇があり先祖様が家族を見守っていた。村祭りには村人は協力して祭りの準備をし、祭りをおこなった。大勢の家族の中で生きている人間には、それぞれの能力に応じた持ち場があった。

■大原幽学の出現

幕末の荒廃した房総の地に大原幽学という流浪の浪人が上方からやってきた。彼は荒廃した農村を経済面と精神面から立て直しをした。その生きざまと教えは現在の日本人の指導的な立場の人や庶民にたいして、人間としてどのように生きていくべきか教えてくれる。これまでに書かれた幽学の伝記は彼を社会改善の先駆者であるとし、道徳と経済の調和者とみている。ところで現在の視点からみると幽学のおこなった仕事は３つの特色をもっている。

一**番目**に人間には「器量」という、生まれながらにそなわった能力をもっているとみた。その能力である「器量」は無限の可能性を備えている。その可能性を引き出すために人間の本性をみつけて養育することが教育の根本であるとみた。人間にはもって生まれた能力はそれぞれが違っている。そのそなわった能力である、「器量」に応じて力量を発揮させることが教育者の使命である。そして、器量を発揮させるために性学という教えを広めた。幽学は武士の生まれであるため幼少期から青年までは儒学を学んだ。高野山で空海の教えと農業と治水・土木技術を習得し、松尾寺で禅宗を京都では神道や易や石門心学を学んでいる。彼はこれらの教えを総合化して、「性学」という教えを開き、人々の心を大きく変えていった。

二**番目**は「型を用いて人間としての生きること」を教えた。型とは茶道や華道や武道にもあり、人生の節目や年間の行事にも多くの儀式の型がある。人生にも出生式、七五三、元服式、結婚式、還暦などの行事の型がある。一年の行事として正月の儀式や供え物の意味、天照大御神への感謝の意味とその儀式をすべて型とみなした。幽学はこの「型」を用いて人間として生きる意味を学ばせた。彼はあらゆる技術を型とみなした。彼は耕地開拓で測量・治水・土木の技術を型として使用した。農業の生産性を高める農作業や田植の型、肥料の設計の型を指導した。

三番目には「科学的管理手法による生活と仕事の能率化」を実践した。ここでいう科学的管理法とは難しい名前であるが内容は単純で、ムダをなくして能率的に作業をするため「規矩（きく）」という標準値をきめ作業を改善（カイゼン）することである。これにより農業の生産性を高めた。カイゼンのためにはものごとを定量的にとらえることを教えた。さらに幽学のおこなったもう一つのカイゼンは大きな目標にむかって新しい発想をたてて問題を解決していたことである。それとともに農村に現在の「システム思考」という独創的な考えを用いたことである。当時の日本人として考えられない思考法であった。幽学は「システム思考」による手法で農地改革をして農村全体の生産性を大幅に向上させた。生活や仕事のなかにムダをなくし能率的に行い、目標にむかって新しい視点から問題を解決し、農業の生産性をたかめて生活を豊にした。

幽学はこの三つを実現することで人々の心を変え、農村を豊かにできることを行動で示した。彼のおこなったことは現在の科学的管理法と同じ考えで、精神面での教育では現在の日本よりも江戸時代の幽学の教えがはるかにすすんでいた。このことをこれから明らかにする。

■武士として農村改革にたちむかった

このようにして、幽学の独創的な改革やビジネスモデルで困窮していた農村を復興させ人々の生活を豊にした。「性学」という独自の教えで人々の心や考えを健全な方向にすすめた。同時に農作業や生活の中からムダをなくし、農村全体を科学的管理法でムダをなくして能率的に作業や生活をする方法を教えた。困窮した農村を立て直すために現在の農業協同組合のもとになる組織をうちたてて、人々が助け合う制度をつくった。また、現在でいう「システム工学」の手法で不規則な耕地の整理、住居の移転など農業の大改革を実行した。しかし、当時の役人には独創的な幽学の改革が理解できなかった。幕府は彼にあらぬ疑惑をいだいて取り調べをした。幽学は六年にわたる裁判を受けた。彼は支援を受けた多くの人に迷惑をかけたことへの責任から安政五年六十二才のとき切腹をした。それは生きる勇気と死ぬ勇気を人々に示した。翌年には吉田松陰が処刑された。まさに日本の黎明期に武士道という高貴な志をもった武士が国家や人々のために戦って死んでいった。

■大原幽学の生い立ち

幽学が房総（千葉県）にたどりつくまでの彼の生い立ちをみてみよう。彼の書いた日記の「口まめ草」には三十歳から四十六歳までの記録のみが残っている。このわずかな期間の幽学の日記には彼がおこなった技術をともなう日常の仕事の内容は何も書かれていない。このため、かれの行動は残された仕事や足跡それに門人の記録から推測するしか方法はない。彼は寛政九年（一七九七）に尾張藩（愛知県）の家老大道寺玄播の次男として生まれたという。彼は武士であったため、九歳から武芸と儒学を学びはじめた。十八歳までに剣術や柔術それに儒学の学問（四書五経）のことはすべて学んでいた。さらに、十五歳で槍術の稽古をして高度な技術をおさめている。弓は南蛮鉄を射抜くだけの実力をもち目録をとった。とくに彼の剣術は高段者の域に達していた。十八歳のとき親から勘当されるという思わぬ事件が起きた。その正確な理由はわからないが言い伝えでは藩の剣道師範が酒によって歩いていたときのことである。幽学の従者があやまって自分の刀の端が師範の刀に触れた。師範が怒りだし、従者のかわりに幽学が謝った。どうしても許してくれず、刀を抜いてきたので切りあいになり、相手を斬り倒した。幽学は相手を斬り倒したことで切腹をして父にわびようとした。しかし、父から切腹を止められた。父は災いをさけるために幽学が一八歳のときに勘当した。このとき父はつぎのような三カ条の教えをあたえている。

「武士たるもの、みだりに命をすててはならない
　他国の君主に仕えてはならない
　民家に子孫を残すな」

そして、日本刀の河内の守祐国の大小二振と金三両を授けた。この金三両は幽学六十二才で切腹したときも腹巻のなかに大切に残されていた。いまも幽学記念館で現物を見ることができる。

■武芸をやめて易学や神道を学ぶ

文化十一年（十八歳）〜文化十二年（十九歳）：

文政十一年（十八歳）には勘当された幽学は同じ名古屋にある元熱田神宮の神官であった田島主膳のもとにとどまった。まだ若く、剣や槍や弓に自信をもっていたため、武芸で生きていくことを決意した。彼は武芸で生きるために美濃の国から畿内に旅した。旅に出た幽学はある道場で師範と勝負した。彼の腕は師範よりも上で勝負に勝ったが、逆にうらみをかい闇討ちにあったという。闇討ちとは何者かが手裏剣を幽学に向けて投げ、あやうく一命をおとすところであった。手裏剣は左大腿部に受けておおけがをした。この事件から幽学は武道から離れていった。彼が刀剣の取り扱いや識別それに

修理に詳しくなったのは、十八歳までに日本刀のこまかい扱い方や修理法、識別方法や鍛造の技術を父や祖父から教わったのであろう。後の漂泊の旅において刀の鍛造技術を向上させ、刀剣の識別や修理をした。漂泊の旅で刀剣の修理や鑑定による手数料で生活費の一部にしていた。同じ年に熱田神宮の神官の田島氏が京都の公家である九条家に転勤になった。幽学は田島氏について京都についていった。京都では田島家宅に身を寄せていた。ここでは和歌・儒学・神道・石門心学などとともに観相も勉強した。小笠原流の礼法も習得している。新井流の易学も学んだ。彼はその後、新井流の易の師範として直伝を受けている。易は京都ではじめて勉強し、後に伊吹山の松尾寺において本格的な易学と観相を学んだ。漂泊の旅で易や人の顔を見る観相でお金をもらい生活の糧にした。そして、長い漂泊の旅の中で独自に体系化していった。幽学は京都にいたとき、庶民の間で広く勉強されていた石田梅岩のはじめた石門心学を研究した。梅岩の教えや手島堵庵・柴田鳩翁のわかりやすい教えは幽学に大きな影響をあたえた。梅岩の著した「都鄙問答は（とひもんどう）」は生涯の愛読書であった。二年間ほどの京都での生活であった。

■漂泊の旅への準備

文化十三年（二十歳）～文化十四年（二十一歳）：

文化十三年の七月に京都の田島家をでて近畿地方への旅にでた。はじめての旅であったが田島氏の紹介状で京都・大阪・彦根の知人を紹介された。文化十三年、文化十四年の二年間は京都周辺と大阪、彦根への遊歴の旅にでた。この旅で出会った大阪の綿屋吉兵衛、尾張屋甚之助、彦根源次郎という人々との交流は生涯にわたって幽学に大きな影響をあたえた。中でも大阪の豪商綿屋吉兵衛とは懇意になった。幽学にとりこれらの人は生涯にであった四千人の友人の中で五指に入る君子であると述べている。幽学は綿屋家の娘の結婚式では座敷奉行という立場から重要な儀式をみごとにとりおこなった。彼は京都の九条家で小笠原流の礼法を学んでいたためにできたのである。彼はモノ覚えがよく、体で覚える技術を短時間に習得できる天才であった。彼は綿谷家とはこの後も交流が続いている。彼は綿谷家をでたあとで、近江、大和、紀伊と旅をした。この旅で彼はいろいろなことを学び、何らかの紹介で高野山に登る決意をしている。

■高野山での修行

文化十四年（二十一歳）～文政三年（二十四歳）：

記録によると文政元年（二十二才）に高野山に登り三昧院に入ったことになっている。なぜ、彼が高野山に来たのだろうか。幽学の実家の大道寺家の菩提寺なのか、田島家の紹介化かそれとも果し合いで斬り倒した剣道の師範への供養のためなのかわからない。しかし、彼が四回も高野山に登ったのはこのような理由ではない。そもそも、彼が二十二才で高野山にきて直接三昧院などに入れるわけがない。畿内の遊歴中にだれかの紹介をうけたのだろうか。彼は僧でもなく、おそらくその前年の文化十四年（二十一才）に高野山の麓で農業をしながら働いていたはずである。彼が高野山に来た理由は寺で働きながら学問をするためであろう。寺は自給自足の生活が可能である。最初は寺の田畑で働いていたが優秀なために働きながら学問を勧められたのだろう。彼は寺で学問をしながら広大な寺の田畑で働いた。高野山は巨大な組織をもっている。寺の規模も大きいが山の麓に広大な荘園をもっていた。現在の橋本市周辺はすべて高野山の荘園であった。高野山の荘園は「官省符荘（かんしょうのふしょう)」と呼ばれ、寺と一体であった。紀伊の国でもっとも早くから成立した荘園である。年貢の徴収もおこなわれていた。このような広大な荘園をもつ高野山ではその業務は、宗務と政務それに高野山にこもる僧に分かれて運営していた。宗務をする学侶、政務をする行人と寺にこもる聖の三派に分かれていた。幽学は行人として活躍したのかもしれない。

■高野山の荘園での農作業

高野山の荘園では用水路やため池をつくり、新たな新田開発にも取り組んだ。彼はこれらの仕事にも参加し、荘園の境界線である山野では肥料となる草や灌木を取ったはずである。彼は肥料の作成も習得して農業に生かした。のちの長部村では村人にその作り方を指導した。

幽学は高野山では「行人」として荘園で農業から入っているはずである。農業に取りむく誠実な態度と優れた頭脳と人物としての優秀さが認められた。このあとで三昧院に入り仏教の勉強とともに寺が持つ広大な荘園で農業もした。彼は文化十四年から数えると合計で約五年以上にわたり、寺と荘園で仏教と農業技術を修業した。ここで幽学を指導してくれたのは僧の秀漢であった。幽学はその後、高野山には四度も立ち寄っている。合計で約五年以上を高野山で仏教の修業と農業をした。文政十年三十一歳のとき、幽学が三度目の高野山にのぼったとき秀漢は亡くなっていた。

■空海の教えと曼荼羅との出会い

高野山に来て仏教を修行しながら、農業にも専念した。弘法大師空海の書いた文献と密教の教えにも魅力を感じた。空海は多くの著書を残しており、その名文はいまもわれわれの心を神秘の世界に導いてくれる魔力をもつ。中でも三教指帰は儒教、道教と仏教の比較をした内容である。空海は仏教が儒教・道教よりも優れていることを論理的に述べたもので幽学も学んでいる。幕府の正統な学問は朱子学であった。空海はそれをはるかに超えた思想を秘蔵宝鑰、般若心経秘鍵、菩薩心論、十住心論、性霊集、秘蔵記など膨大な著書を書き残している。特に曼荼羅（マンダラ）の教えは、宇宙そのものが「システム」であるという考えであり、幽学もその思想に大きな影響を受けた。困窮した農村を救済するため空海や高野聖と同じように庶民の中に入り込んで、直面した問題を解決してみせた。

■大畑才蔵とテイラー

高野山の宿場町に幽学よりも百五十五年年前に大畑才蔵という天才的な農民がいた。才蔵は高野山の宿場町である学文路で生まれた農民であった。彼はテイラーよりも二一四年前にすでに科学的管理法という能率的に治水工事や土木工事をおこなう方法を考えだして実行していた。これまで二十世紀の近代社会を築いたのはダーウイン、フロイド、マルクスであると言われてきた。この中でマルクスはソビエトの崩壊で評価をなくしてしまった。このため、世界的に著名なピーター・ドラッカー博士はマルクスの代わりにF・W・テイラーを入れるべきであると主張した。アメリカ人のテイラーが開発した科学的管理法（ＩＥ：インダストリアル・エンジニアリング）こそが人類を貧困から救った強力な道具であるとみていた。そして、科学的管理法ＩＥはつぎつぎに発展して現在もあらゆる産業で採用され生産性を五十倍も高めることができた。大畑才蔵は農業や治水と土木工事の技術者であった。彼こそが科学的管理法（ＩＥ）の基本的な考えを世界で最初に開発し実践した人物である。彼は「地方（じがた）の聞書」という書物を表してその考えを公にした。彼は仕事にかんしてあらゆることを定量化して分析した。竹と木でできた器具に水を満たした測量器を考えだして工事現場を測量した（第十二章にくわしく説明）。この測量器で工事をする場所の容積や面積を測定した。費用をかけずに短期間に工事を完成させる方法を科学的管理法を用いて実行した。この考えは現在にも通用するものばかりである。彼の開発した手法で河川工事を能率的におこない、農地を能率的に開拓し米や野菜の増産に成功をおさめた。彼こそはテイラー以前に能率ということの考えを農業・治水の現場に応用した最初の人間である。後の幽学がおこなったことは才蔵の考えを用いて、農作業や生活の中からムダをなくし能率的に仕事をおこなう方法を房総の地で実行している。

■万能の天才空海

高野山で空海は今も生きていると信じられ、毎日二回の食事を維那（ゆいな）とよばれる仕侍僧が捧げている。空海は奇跡である。日本の歴史で天皇と空海が存在しないと、この国はありふれた島国でしかなくなる。天皇は空海のいう大日如来であり宇宙の根源であり、宇宙の最高神である。日本の宗教・道徳・芸術・学問・短歌・詩・庭園・着物・工芸品・建築物すべてに天皇に代表される美が存在する。空海の偉大さをイエス・キリストや孔子と総合的な面から比較されるとおもしろい答えがでる。数千ページの書物でも辞書でも、文字をみると数分で記憶できる脳をもっていた。空海は仏教・詩・文学・書・字学さらに仏像・絵画・教育・土木・鉱山・医学などあらゆることに通じていた。梵語、漢語を自由に読み書き話し、唐の上流階級の人でも書けない駢儷体の名文を書き、名筆家であり、優れた仏教哲学の著書を漢文で多く残している。難解なチベット仏教を短期間に修得し、密教の奥義を悟り、新たに真言密教という空海独自の教えを開いた。仏像、絵画、建築も自力ででき、医薬や薬草にも詳しく、薬を調合し、鉱山、治水工事の専門家で易学、儒教、四書五経などすべてを知り尽くし、まさに神としか言いようがないのが超人の弘法大師空海である。書に関しても空海は楷・行・草書を習熟し、章草、狂草を吸収し篆・隷はもとより飛白以下の六十余の雑体書法をも自家薬籠とした。特に草書は王義之と孫過庭の書譜を学んだ。また悉曇に詳しい空海は梵字の書法を取り入れて独自の文字を工夫している。飯島氏は日本と中国の三千年の書の歴史でこれほど多様な文字表現ができた書人は空海のみであったとしている（飯島太千雄「空海大字林」）。空海は自在な創造力で雑体書法の開発や梵字、漢字を発展させ日本語にあう独自の文字を作り上げた。これが、今日の平仮名、カタカナに発展したものである。空海がいないと平仮名、カタカナはまずできなかった。幽学も高野山で空海の業績に接し、多くの書物や書体を学んでいた。幽学も実に達筆であった。ところで、空海が唐に留学して二年で帰国できたのは遣唐使船の高階遠成の第四船が途中で遭難し、日本に引き返したことである。翌年単独で唐に来たため、空海は偶然この船に乗船できた。もし、この船が遭難していないと空海の帰国は二十年後になる。すると真言宗は存在しなくなり、天台宗も違った流れになり、鎌倉仏教の存在も変わっていただろう。まさに空海は奇跡である。

■高野山で学んだ農業

幽学は仏教の勉強をしながら、寺の荘園で農業をした。彼は田植えや肥料などの農業技術などを習得し、畑では大豆、空豆、インゲンマメ、菜の花、ゴマ、なすなどあらゆる野菜や穀物の栽培技術を習得した。寺では建物の建築や修理など建築技術や大土木工事の技術までおこなった。彼は高度な和算（数学）や測量技術も短期間にマスターした理論と技術の天才であった。彼は約三十年後に房総の長部村では家の建築や大土木工事・治水工事や田植・肥料など農業全般において、ここで学んだ技術を利用している。二十年後の長部村では理想的な農家の設計をして、建築している。寺の運営では建物や仏像、経典の修理や保存から田畑や家の排水施設の整備、井戸水の確保、僧侶への三度の食事の準備、風呂の炊き出し、便所の管理なども必要になる。田畑で収穫した米・麦・粟・稗などの保存、野菜の栽培や保存食のつけもの、味噌の生産などすべて自給自足であった。幽学は米の栽培や麦・大豆・菜種・ゴマなどを栽培した。そして、寺の生活に欠かせない味噌・漬物などをつくるのを手助けし、自分でもこれらのものをすべて作った。これも二十年後に房総の長部村で幽学みずから大豆を栽培し味噌・醤油を作って人々を驚かせた。また菜の花やゴマの苗から菜種油・ゴマなどを生産して長部村の農民の生活の向上に貢献した。後に、漂泊の旅に出て多くの人から農業技術・治水工事・建築・医療・薬学などを学んだがその基本はすべて高野山で習得したのであろう。文政三年（二十四歳）に約五年以上勉強した高野山をでて畿内や中国地方を遊歴した。このとき山口県の周防で近藤造酒の経営者であり国学者の近藤芳樹から神道の奥義について教えを受けたという。

■松尾寺での師との出会い

文政四年（二十五歳）から文政五年（二十六歳）

文政四年に近江の伊吹山の松尾寺に立ち寄った。この寺は黄檗宗という禅宗の寺であった。幽学は住職の提宗から多くのことを学んだ。提宗は幽学の生涯で唯一の師と呼んだ人物である。この寺には文政五年まで二年間とどまった。提宗から禅の教えや易経に書かれた占術の「周易」と人相を見る「観相」の術を学んだ。彼はすでに京都でも易学を学んだがまだ基本的なことであった。彼が幸運であったのは高野山をおりてから四か月で提宗和尚に出会うことができたことである。巨大な組織の高野山ではあまりにも多くの人が動いており心をうちとけて相談できたのは秀漢のみであった。彼は多くに人に出会い世間を見る目も深くなって易や観相の技術に大きな進歩をもたらした。提宗和尚から学んだ禅や易学や観相の技術が後の幽学の漂泊の旅での収入源にもなった。この寺も自給自足の生活をしているため、幽学は田植えから草取り肥料の設計から米の収穫をし、畑では農作物の栽培をした。また生活のために器用な彼は大豆から味噌を作り、菜の花から菜種、ゴマなどを栽培した。古くなった寺の仏像の修理も手伝い、民家の修復や建築で大工から建築技術も学んだ。寺では二年間の修行であったが、この間に近江の中江藤樹の遺跡をたびたび訪ねた。彼は藤樹の陽明学の教えを尊敬していた。幽学も日ごろから知行合一の教えで、「人間が行うべき道は本を読んだり師から学ぶことはできる。しかし、学んだだけでは何の意味もなく、それを実行しなければ、知ったことにはならない」という教えを大切にしていた。中江藤樹は近江の田舎で多くの人材を育てて地方で生涯を終えた。越川は「藤樹と幽学は思想においても教育の実際においても、はなはだ似かようなものがある」と指摘している。

文政六年（二十七歳）

この年は松尾寺の提宗のもとを去って、ふたたび近畿地方を中心にした修行の旅にでた。文政六年、畿内では日照りによる干害で農作物ができず農民が一揆をおこした。庄屋や豪商の打ちこわしが起きていた。幽学はこの混乱した中を旅に出た。同じ年に再び、「二度目の高野山」に登った。近畿地方では干害で食べるものに不足する中で幽学は食べることに苦労しない高野山をめざした。彼は仏教の修行のみでは飢饉はなくならないことも知っていた。幽学が高野山で学んだことは後の長部村の農業改革の技術から農民の訓話まで幅広い分野にわたっている。彼は空海がおこなった治水工事と溜池の土木工事のことも研究して水の確保の方法も学んだであろう。測量技術や和算の能力もそうとうに高い水準になっていた。二十年後に長部村では大規模な治水工事を成功させているが、その基礎はこの時代に習得したものであろう。また飢饉にそなえての粟・稗などの非常食の研究もしていた。

文政七年（二十八才）

この年に高野山をおりて、近畿地方を遊歴した。彼は旅の中で多くの短歌や俳句を詠んでいる。旅のなかでの苦しみで、やさしかった母を思いだした。この旅で彼は母をしたう短歌を詠っている（口まめ草）。

「まどろめば　逢間短く　夢に見し　母よ別れを　呼子鳥啼く」

また旅の中で寺から聞こえた鐘の音から、行方も知らぬ自分の旅の気持ちをつぎのように詠った

「鐘の音に　行方さだめぬ別路の　さむき思ひの　夕暮れの空」

第二章　進んでいた畿内の農業技術

■放浪の農学者の大蔵永常が見た効率的な道具

幽学が活躍した同じ時代に大蔵永常という放浪の農学者がいた。彼は文政五（一八二二年：このとき幽学二十六才）に「農具便利論」という本を著している。彼は明和五年（一七六八）九州の豊後（大分県）の日田で生まれた。彼は農民の出で、志をたてて農業を学び江戸時代を代表する農学者になった。天明二年（一七八二）に瀬戸内と九州に凶荒がおそい、翌年には全国で冷害による飢饉が起きた。彼は少年時代にこの悲惨な状態をみている。兄弟が多かったために農業のかたわら製蝋場で働いて、

その技術を身に着けた。祖父から綿作の技術も修得した。二十八歳で大坂にでて製糖、製紙の技術も学んだ。そして、見聞を広めるために近畿地方や中国地方をまわり農業の現状を調べる放浪の旅に出た。彼は農業の専門知識だけでなく地理、風俗、物産などを視察した。後に大坂の書店から農業関係の本を出版した。その後で江戸に住居を移している。そして、房総地区、越後、東海、裏日本などを旅行している。彼は「農学者の旅学者」とも呼んいる。「農具便利帳」は農業における作業能率と生産性の向上をはかり労働力の軽減をめざしていた畿内地方の農民の知恵をまとめたものである。能率的な農業をおこなうための道具を調査したものである。このために畿内を中心に地方を旅してその地域ごとの鍬、鋤、地ならし、木さらえ、金ざらえ、熊手、万能、草削り、豆植車、芋植車、筋切、穴付き、足桶、草刈、稲こぎ、麦こぎなどの農業道具などの形状と寸法を計測して紹介している。大蔵の記録を見ると、すでに農民は農作業をするうえで労働負担を少なくし、できるだけ能率的に作業をおこなう道具を開発していた。現在の科学的管理法でいう人間工学で作業の負担を少なくする方法を経験的に実践していた。

■科学的管理法を用いていた農家の便利な道具の例

大蔵は畿内の旅行で、ある農家で図1のような竈（カマド）を見ている。土間の大きさにそって三ケ月形に竈（カマド）を築いていた。竈の中央に人間が座り両手を用いて両端の六個の釜へ薪を入れたり、炊きぐあい確認できる。一人の人間が六個の鍋や釜を一度に炊くことができる。これは図2のような現在の人間工学の最適な作業域を用いて設計している。江戸時代の後期には畿内ではこのような竈（カマド）による配置計画が一部の農家でおこなわれていた。さらに、この本には農作業において作業者の疲労を軽減し、作業を能率的におこなうためのいろいろな道具や作業手順を調べている。その道具の原理は現在の能率的な農作業と原理と同じものが多い。図３（右）は豆を蒔くときに地面に穴をあける豆まき車であり、芋（いも）を植えるときの車である。図３（左）は筋きりといい畦（あぜ）をつくるときに柄の部分に寸法を記入してある。この道具で図４の上段のように縄で直線距離を測定し畦（あぜ）寸法を計算して、種を撒く間隔を決める。この計算した値にそって種をまく。このように計測をしながら作業のできる道具である（大蔵永常「農具便利論」）。畿内でこのような能率的に

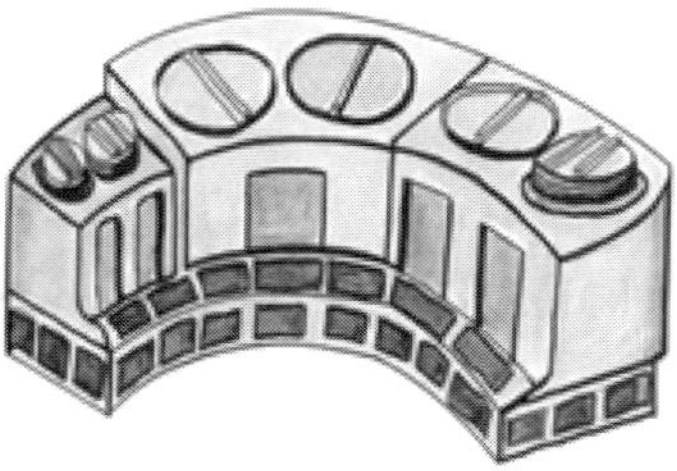

図1　作業性を考えた竈のレイアウト

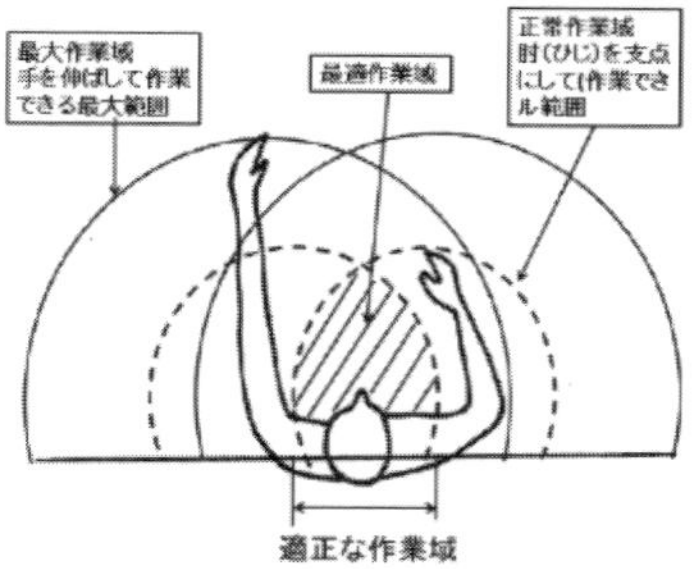

図2　人間工学からみた作業域

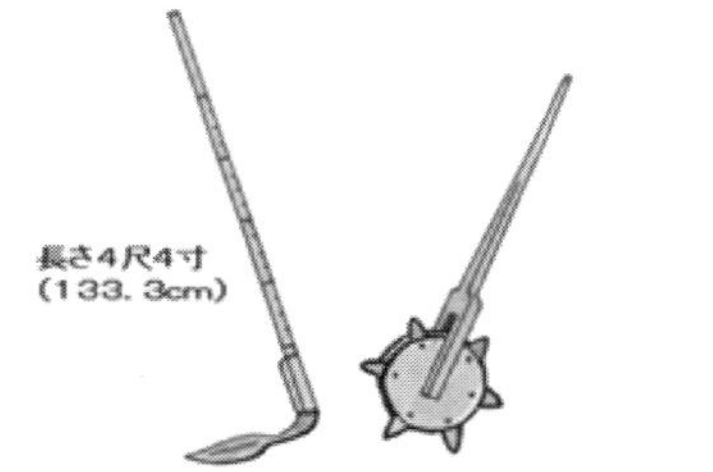

図3　筋きり（左）と豆まき車（右）

図4　縄をはり筋切で印をつける

作業ができ、疲労の少なくなる道具や作業法が採用されていた。多く開発されて農業の生産性を高めていた。

第三章　遊歴者としての大原幽学

■遊歴者の生活

幽学は房総の地に落ち着くまで約二十四年も漂泊の旅にでている。金もなくその日その日を歩きながら寺や知人の紹介で訪れた家で泊まり、金を払って宿屋に泊り、その場で訪れた店や船頭の家などさまざまな場所を泊まり歩いた。宿泊した家では伝書（紹介状）を書いてもらい、つぎの宿泊所をきめて旅をした。幽学は高野山で修業に励んだため、旅では真言宗の寺や他宗の寺や神社で宿泊して、あついもてなしを受けている。彼は浪人で無宿人であったが、博学で話術にも優れ、庶民との気楽なつきあいをした。また、大きな寺の院主とも対等に話をした知識人であった。漂泊の旅は道もない山道を歩く危険な苦難の旅でもあった。この時代、「遊歴」をしながら全国を歩いて生活する人がいた。豊かな商家や農村の地主は教養人を歓迎することが広まっていた。「遊歴者」は画人であり、俳人であり歌人で和算家でもあった。

■遊歴者の蕪村

その一例として与謝蕪村を思い出すとよい。蕪村の人生は遊歴をして生き、六十八歳で人生を終えた。墓は京都の東山の麓にある。蕪村は芭蕉にあこがれて東北を旅した。三十六歳で浄土宗の僧侶になっている。僧侶のほうが旅ではなにかと便利であったためであろう。しかし、後に蕪村は結婚して僧侶をやめている。彼はその後、俳句と南画を描きながら生涯で二十年以上の遊歴の旅に出た。遊歴では俳句の師匠の内弟子宅や寺に泊まった。旅の宿代は金がないときは描いた絵で支払いをした。毎日、その日の宿の心配をし、持ち合わせのお金を節約して歩く苦難の旅であった。図1は「奥の細道」で芭蕉が福井の旅をしたときを描いた蕪村の絵を模写したものである。芭蕉が江戸で十年前に会った等栽の家を訪ねている。十年ぶりに等栽に会いここで二泊している（奥の細道：福井を模写）。芭蕉は弟子がたくさんいたが、蕪村は弟子も無くその日の宿を心配しながらの旅で、お金を節約して歩く苦難の旅であった。

図1　等栽の家を訪ねた芭蕉

■和算家の遊歴者

同じ遊歴者には和算者も心学者も僧侶も修験者も武芸家もいた。たとえば、和算家についてその遊歴の生活をみてみよう。この時代には和算がさかんで吉田光由の「塵劫記（じんこうき）」が庶民にも広く読まれていた。庶民の和算の能力はそうとうに高かった。遊歴者はいわゆる教養人で特殊な知識や能力をもつ人たちであった。人のつてをたどって泊まり歩くが、一カ所には永く滞在しない。たとえば下平は著書の中で山口坎山（１８５０）という和算家を紹介している。彼は日本全国を遊歴の旅に出たことの記録を残している（下平和夫「徳川時代庶民の数的教養」）。そして、各地の和算（数学塾で和算を教えている。和算塾を見つけるには神社仏閣に行き算額を見つけて奉納者の家におしかけている。どうしても見つからないときは庄屋や名主あるいは裕福な農家を訪ねている。そして、その部落の中で和算を学びたい若者を見つけて、その家で一時的な和算塾を開いて教えている。その家で宿泊してもらい、食事をごちそうになりお礼の金をもらった。そして、つぎの村に紹介されて移動していった。地方の豪農家は農業に従いながら治水の研究や測量それに和算（数学）を学んでいた（浜田敏男「上州・境町とその周辺の和算家の生活」実学研究Ⅱ）。たとえば、神奈川県下においても神社に算額が奉納されている。遊歴者は和算家だけでない。幽学も和歌・俳句や易学・観相や刀剣鑑定などのような特殊な技術を教えながら「遊歴」した。江戸時代の代表的な治水工事の指導者に共通しているのは、和算の能力が非常に高かったことである。和算、いわゆる数学は測量における面積や高さや土量、それに工事に必用な経費の計算、金利計算、米の出来高計算などに使用された。さらに、耕地開発における動員必要人数の計算、年貢の計算、建築資材の計算、堰の建設における必要資材の計算などいろいろな分野で数学が必要になっていた。幽学も後に長部村で大規模な耕地整理や治水工事、それに家の建築もてがけており、高度な和算（数学）を駆使して測量をして図面も描けた技術者であった。

■四度も登った高野山

文政七年（二十八歳）～文政八年（二十九歳）

この二年間は近畿地方を旅した。この旅でも彼は易学と観相でわずかな金をえた。旅先では農業の手伝いや、建築や治水工事を手伝っていろいろな技術を身につけた。畿内の優れた農業技術で肥料の作成法、客土という土壌の改良による生産性向上の技術なども学んだ。これも後の長部村で農民に肥料の調合法や土壌の改良法を教えるときに役だった。また医者から医術と薬の調合をも学んだ。旅先では、苦しんでいる人を助けたりした旅であった。

文政九年（三十才）

この年はこれまで懇意になっていた大阪の商人の綿屋吉兵衛宅に滞在した。幽学は大阪の綿屋家を出発し、ふたたび近畿地方から船で四国にわたり、中国地方まで遊歴の旅に出た。彼はこの年の七月から、日記「口まめ草」を書きだした。後の房総の長部村で門弟の指導を始めた天保十三年（四十六歳）まで前後、十七年間にわたる記録である。同じ年の七月には大阪の綿屋家をでて友人五人と大阪から兵庫にでて船で瀬戸内海をわたり四国の丸亀についた。丸亀から金毘羅宮（こんぴら）を参拝し、その近辺を見物した。ふたたび丸亀から船で播磨（兵庫県）についてから姫路城下を見物した。兵庫の一の谷から舞子をへて湊川の楠公の碑を拝んだ。幽学は武士として後醍醐天皇の南朝のために命をささげた忠臣の楠木正成や正行に涙を流した。幽学の生きざまからみて楠木正成や正行親子のように勝算を考えず「義」のために生きることを心になかに描いていた。この「義」という強い志は武士として、彼の人生の最後の切腹においても「捨てがたきは義なり」という辞世の句にもその思いがでている。彼はいまの自分がおかれている状況での「義」とは、貧しい庶民のために命をささげることであるとみていた。さらに、生田の森から摩耶山を参拝し、尼崎から大阪に帰った。大阪ではふたたび綿屋宅に滞在した。

■三度目の高野山

文政十年（三十一歳）

一月に大阪の綿屋宅をでてふたたび京都や和歌山などの畿内を旅行した。五月にはふたたび大阪の綿屋宅に帰った。この旅行でも畿内のすぐれた農法や医術などを学んだ。六月にふたたび「三度目の高野山」に登った。約五カ月滞在した。ここでも仏教とともに荘園で農業技術や医療などの専門的な知識を学んだり、測量や土木技術を習得したはずである。また、高野山では漂泊の旅でつぎに訪れる地域の真言宗系列の寺や大きな檀家の住所も調べたはずである。十月にはふたたび高野山をおりて、和歌山から紀三井寺を訪れている。ここでは寺の院主と会って対等に話をしている。幽学は真言密教に関して相当に深い学識があったため三井寺のような地位の高い寺の院主と話し合うことができた。この寺に滞在してから近畿地方の旅にでた。近畿地方の旅でははじめて易学についての教えを人に伝授した。年末には大阪の綿屋宅に帰り、この年は大阪で年をこした。

■遊歴の旅で学んだ家の存続

文政十一年（三十二歳）

この年に大阪から若狭・越前・近江・丹波の旅に出た。この旅では宿泊したのは魚屋、神社の社主の家、紹介者による知人の屋敷、宿屋、寺、狂歌師の家などいろいろなところに宿泊している。この時代の人は現在の日本人と違い、とことん人間を信用していた。知人の伝書による紹介で幽学という人物を信用し、気楽に宿泊させた。彼は大阪のこと、京都のこと高野山のことを話し、易で相手の性格や運命をうらない、仏教や心学の話をして酒や料理をごちそうになり、歌を詠んで心ゆくまで楽しんでいる。彼は初めての人と出会っても、心の中で打ち解けあい、酒を酌み交わして歌を詠んで楽しい旅をしている。また相手を笑わすことも得意で、場の雰囲気を盛り上げる才能もあった。毎日、宿泊所もあてにならない旅の中で、宿のことなどあまり気にもしていないのには驚く。この旅で松尾寺の堤宗から指導をうけた易学や観相学を旅の中で広く使用した。また篤農家や旧家を訪ねて家の子孫が永続するための理由を研究した。これは旅先で長く続いた地元の名家といわれる家が没落したり、商家が商いに失敗して夜逃げしたり、農業の経営ができなくなり家族で他村に逃げ出した多くの事例を見てきたからである。彼はその原因が何であるのかについて興味をもった。なぜ、名家が破産するのか？幽学は後に独自の管理手法を考え出した。それはその家にあった「分相応」という考えである。「分相応」とはその家の収入にあった生活をすることである。収入が少ない家は生活費をきりつめて、質素な生活をしなければならない。彼はまた、「規矩（きく）」という、なにものにも「標準」を決めて生活することの大切さに気がついた。生活をするうえで標準となる家計や日常の食費、衣類など収入にあった標準の費用を決めることの重要さを知った。さらに、これまでの漂泊の旅で、天明の飢饉の話を聞き、干ばつなどで餓死する人の多い中で貧しい人々を助けることが緊急に必要であることを見てきた。彼は身分に関係なく人びととの会話の中で心を通わす話術を身につけていた。会話の中から、苦しむ人々の実情を見たり聞いてきた。さらに、もちまえの知識欲と手先の器用さで、旅の中でいろいろな技術を短期間に習得した。この年は京都に帰り、ここで年を越した。

■四国への巡礼と最後の高野山

文政十二年（三十三歳）

正月に京都の賀茂神社に参拝し、生活に苦しむ人を助けるための行動にでる決意を新たにした。この後で近くの寺にも参拝をしている。彼はこれまでの旅で貧しい人々を助けることが自分の使命であることを悟っていた。神社や寺の参拝ではこのことの決意を祈りとしてささげた。明治政府の神仏分離令がでるまでは神社と仏閣は仲良く共存していたため、彼は高野山にいたときも神社にも参拝した。彼は貧しい人の救済のために動きだす決意をした。このため、高野山の開祖である弘法大師空海の故郷でもあり大師修行の地である四国をめざすことにした。彼は四国の寺を訪れて自分の決意をかためるための祈りの旅にでた。旅は京都からはじまった。京都から大阪に行き四国への巡礼の旅である。大阪から播磨をでて船で四国の丸亀に着いた。四国の旅は空海の開いた八十八カ所の寺があるため、寺にも民家にも泊った（宮崎忍勝「遍路」）。丸亀から歩き始め、空海の生まれた善通寺を訪れた。ここで彼は自分の決意が実現できることを弘法大師に祈った。讃岐（香川）から阿波（徳島）へ入った。旅の途中で農家に泊めてもらったが貧しくて米がなく、わずかな米の中に栗をいれて食べたことが日記にある。わずかな米にたくさんの栗が入っているため、米はぼろぼろで箸も使えなかった。幽学は貧しい家の栗のご飯には驚いている。旅では名主の家や地元の名家に泊まったこともあった。徳島の城下を通ったが、ここからは真言宗の寺や八十八カ所の寺が多いため、寺で泊まった。弘法大師が修業した大滝岳（大滝寺）なども訪ねている。また、幽学が高野山にいたときの知人の僧の寺にも泊めてもらい、語り明した楽しい旅であった。ふたたび、京都の帰ることにした。阿波の小松島の近くから船に乗り紀伊水道の海をわたった。紀伊に着いてから紀州を歩き、奈良から京都にでた。旅では宿がないときは川の渡し守にたのんで家に泊めてもらったこともあった。

■四度目の高野山

五月には四度目の高野山に登った。これが幽学にとり最後となる高野山への修行の旅であった。何を目的に高野山に来たのだろうか。おそらく最後となるために旅の下調べや各地の民情や宿泊所となる寺院の所在地を調べたのだろうか。寺ではわずか一カ月の滞在であった。幽学はこれまでの旅の中でいろいろな人に接し、酒を飲みながら歌を詠い、楽しい話で人々を喜ばせてきた。しかし、漂泊の旅で貧しい農家や没落する商家を観た、博打に身をなげて家庭を壊してしまった人や、病気で苦しむ多くの人を観てきた。自分のみが人を笑わせて気楽に旅をしてきたことが悔まれた。幽学は遊歴の旅で得た知識や技術を苦しむ人々のためになにか役立つことはないかと考えていた。彼は今の自分が人を楽しませるだけの人間であることに矛盾を感じたはずである。高野山で空海の教えを修行し、その教えを身につけていた幽学は、人のために役立って生きることを決意した。高野山で歌った俳句がある

堀越しに　匂い　来にけり　沈丁花

この歌には他人の苦しみの状況が匂いとして伝わってくることを表しているのだろうか。彼は人のために生きることを決意した。これからの遊歴の旅でどこかの地に落ち着いてその村の人々を救済することを願った。そのために、農業に関する資料や医療の方法、薬の調合法などの資料を持ち歩くことにした。貴重な資料は油紙でまき、旅に持って行くことにした。六月には下山し、外高野山の近辺の村を訪れてこれまでお世話になった人にあいさつに出かけている。この後で、奈良・京都を旅し、この年は京都に滞在して年を越した。

■提宗和尚との最後の別れ

天保元年（三十四歳）

この年は琵琶湖をめぐってから三月には七年ぶりに伊吹山にのぼり、松尾寺を訪れた。このとき幽

学は自分の心の中で人のために生きることを決意していた。その決意を師に述べるために伊吹山に来た。師との対面が幽学の日記にでている。彼の日記「口まめ草」につぎのように書いている。「伊吹山の五合めにある松尾寺についた。七か年目に堤宗師の安否を問わんと、対面して、互いに無事であることを喜びあい、しばらく言葉もなかった。涙が、心中に満つりのみ、夜に入れば伏床を共にし給う」。「このとき私は何も言わなくても、師は私の心の中を読んで、志がわかっていた。そして、大いに悦んでくれた。夜になると伏床の中で師から、あなたは人々のために一日も早く道をおこなうことを言われた」。彼は、高野山や諸国を遊歴して学び習得した学問や技術のことを人々のために役立てたいことを終日話した。師の堤宗は喜びのあまり、涙をながして「人間は世のため人のために役立たねばならぬ。わしのような隠者になってはならない。世のために道を伝えてほしいと述べられた」。そして、師からの言葉に「師の志はありがたく、僕は感涙にたえかねて言葉にだすこともできなかった。ただ伏して心の中でありがたくうけとめた」。師は幽学の志をよみとり、大いに喜んだ。幽学はつぎのような俳句を残している。

　世を去れば　なお美し　花の春

幽学は歴遊の旅で人のために働かなければならないことを前々から決意していた。彼はその決意を師の提宗に述べるために松尾寺を訪れたのである。幽学について書かれたすべての本には、彼は困っている人々のために働くという「経世救民」の決意を師から言われて決意を固めたとある。しかし、急に師に言われて決断するような軽薄な人物ではない。

■困っている人々のために働く

困窮した人々を救済するという決意を実行するために、松尾寺に登る前にすでに四国遍路の祈りの旅を終えていた。四度目の高野山への訪問も彼を育ててくれた山との最後の別れのあいさつになった。また、二度の松尾寺の訪問も師提宗との最後の別れになった。彼は三十四歳になり、新しい教化の旅に出発することになった。四月には松尾寺を下り、これからの決意を示すために伊勢神宮を参拝することにした。伊吹山を下りた幽学は伊勢路にでて船で桑名に行き、四日市、津、松坂をへて山田に着いた。伊勢神宮の神前で師の教えを守り、困っている人々のためにおのれの全生命をなげうってでも助ける決意をした。参拝の後、つぎの新たな旅の路を歩み始めた。彼がなぜ信州をめざしたかはわからない。多くの人から困窮している関東の事情を聞いており、途中で信州行きを決断したのであろう。天明の飢饉では多くの餓死者をだした東北や関東の情報が畿内にも流れてきた。彼は飢饉で大きな打撃を受け、農業の遅れていた関東や東北の地で何か人々のために役だつことがあると信じて行動を開始した。まず、木曽川をわたり、中仙道をへて信州の上田に行くことにした。

■上田への旅路

伊勢神宮を参拝したあとは再び、船で桑名に着いた。そこから大垣をとおり岐阜に行き、長良川では鵜飼を見物している。このあとで鏡原を訪れた。ここでは一七年前にお世話になった源弥という人を訪ねた。主人はすでに亡くなって茶屋になっていた。ここに宿泊し木曽川を越えた。彼は行く先々で多くの人と交流をして民家に泊めてもらっている。豊かな家では酒のもてなしをうけ、得意の俳句でお礼を述べてきた。当時の人々はじつにおおらかであった。現在では考えられないほど人々の心は豊かであった。幽学のような無宿人の浪人までも丁重にもてなしてくれている。よく酒造家にも泊めてもらっているが、彼にはそれだけの人望があったのである。また、観相や易学で人を観て運命をあてている。彼は行く先々で紹介を受けながら宿泊場所を確保している。また金を払って宿にも泊まったこともある。最悪のときは寺を利用している。この時代の寺の僧は浄土真宗の僧以外はすべて独身であった。僧は貧しく悩める人のために大きな働きをしてきた。そして、人びとを教え助けていたために村人や商人や大工などの人々と一体であった。四国でも昭和三十年までは八十八カ所のある道中の町は見知らぬ人でもどこかに泊めてくれた。とくに海岸ぞいの家々では戸締りもせずに貧しい者どおしが助け合いながら生きてきた。家々を廻る遍路には米や麦の布施をしていた。四国の遍路宿には、全国から重い病に侵されてその回復のために巡礼に来た人が大勢泊まっていた。幽学は中仙道では知人の大野氏との約束をはたすために訪問したが江戸に出て不在であった。このとき幽学は関東や東北の詳しい情報を知るために江戸見物を思いついた。七月には信州の松本に入り、塩尻から諏訪についた。ここでは温泉に入り疲れを癒している。長久保というところで手持ちの金もなくなっている。この宿場町に数日泊り、占いや観相や刀剣鑑定などで旅費を稼いでいる。八月九日の暑い日に上田に着いた。伊勢神宮の参拝のあと、四月十三日に出発したため、約五カ月の旅であった。毎日、坂道の多い山道を歩き続けていたため疲れもたまっていた。

■上田での活躍

幽学は上田城下に来て、大工町というところに逗留することになった。観相や易学で人々を見て、石門心学の教えを説き、仏教などの話をした。また得意の俳句を詠い、多くの友人ができた。上田にきて三ケ月して地元で大きな商いをしている小野沢六左衛門とその子の辰三郎とも親しくなった。息子の辰三郎は長い間、病気がちであった。父は息子のことが心配であった。上田にはいい医者がいないために諏訪にいる名医といわれる立木氏の治療をうけるために幽学に同行をしてほしいと頼まれた。幽学は両親の願いを受け入れて諏訪まで療養に同行することにした。幽学は俳句や短歌を趣味として、漂泊の旅では日常の身近なことをよく句にまとめた。そして人々と俳句を詠んで、笑いあいながら交流を深めていった。幽学の俳名は「錦江堂」としていたが、諏訪行の旅では「ぶらぶら斎遊」と変えた。また、辰三郎は俳名を「三秋亭胡雀」という素人の俳人であった。二人は気楽な気持ちで諏訪に行った。上田から諏訪までは和田峠を籠で越えた。幽学が歩いてきた道を再びもとに帰る道中であった。下諏訪では、幽学は医者に通う辰三郎を送り迎えした。下諏訪では一か月の療養で辰三郎は健康をとりもどした。おそらく幽学は高野山で学んだ医学や薬草の専門知識を名医といわれる立木氏にも披露している。そして、彼は治療法や薬草の専門的なことを聞き出している。この間、幽学の細かい心配りで、宿屋の主人を交えてしりとり三字の俳句を楽しんだ。また石門心学の教えや高野山での体験や旅での経験話をし、毎日を楽しくすごした。日記の「口まめ草」には毎日のように幽学は女中や雲助を笑わせたことが書き残されている。また、幽学と辰三郎はともに和歌や俳句を作り、心をかよわせていた。健康が回復したことで辰三郎の父小野沢六左衛門は喜び、当面はここの家に滞在することを幽学にねがった。

■道学の講義をはじめる

上田の小野沢家に滞在したとき、彼の評判を聞いて地元の人でその教えを受ける人が集まってきた。

彼の教えは易学、相観をもちいて人々の心をひきつけてから石門心学と仏教それに神道や儒学を交えた教えを話した。さらに高野山で学んだ空海の儒教・仏教の比較をした「三教指帰」や「秘蔵宝鑰（ひぞうほうやく）」や石門心学のやさしい訓話を披露した。受講生は辰三郎の知り合いを集めての講義であった（中井）。受講者は主に町人や百姓であった。二月から一カ月ほど辰三郎とともに小諸に出かけて小山宅で講義をはじめた。このときの入門者は一二名で職業は町人であった。石門心学の教えは皆の希望にそえた教えであった。小諸で二十数日の講義であった。幽学は上田にもどり新しい講義への計画を考えていた。小野沢家や上田の人は幽学へ深い敬意をいだいていた。彼は身分も明らかでない浪人であり無宿人でもある。このような人物に絶対的な信頼をよせるには、幽学にはそれだけの人間的な魅力と誠実さと博学であり、手先を用いて行動できる技術力をかねそなえていたためである。高野山での五年以上の修行と松尾寺での二年間の修行。長い漂泊の旅で接してきた身分を問わない多くの人との交流で独特の話術と博学な知識と農業・測量・治水工事・建築などの総合的な技術力を身につけていた。後の房総での活躍をみても彼は何処にいっても人々を笑わせ、人びとを暖かい心で包み込む人柄を備えていた。。上田の人や小野沢家の人は長い漂泊の旅で疲れていた幽学の健康を心配していた。彼は上田での講義の間には門人とともに近辺の山に登ったり寺を参拝し、渓谷や川を観賞し、高い山に登って気を充満させた。彼は子供の教育にも熱心で、子供と遊んだり、山登りをともにした。彼は子供のことを布袋先生と呼んで、共に遊んでいる。上田に滞在したのは一年余りであるが、彼の教えを慕う門弟は四百人にもなった。

■「分相応」の「規矩」の教え

上田では商人や農民を中心にこれまでに学んだり習得したことを教えた。記録にはないが、ここで講義したのが石門心学の梅岩の斉家論や語録や「都鄙問答」それに手島堵庵、柴田鳩翁などの教えの中に自分の考えを交えて指導したのであろう。とくに幽学がもっとも大切な教えとして、自らの体験で導いたのが「分相応」と「規矩」いう考えである。生活においても、商いにおいてもその基準値となる「限度」があることを教えた。この教えは彼が畿内の旅において多くの豪商や豊かな農家が没していく原因を調べてわかったことである。「分相応」とはその家の生活程度によって、その収入に応じた生活をすることである。「規矩」とは標準となる金額や標準となる量のことであり、農作業では標準作業量をきめることである。日常の生活において支出に応じた標準となる支出をきめることである。この考えは二宮尊徳の「分度」と同じような意味である。「分度」とは基準や標準となる値で、生活は収入に応じて「分度」を決めて生活することである。幽学の「分相応」も同じで、収入に応じてそれだけの生活をすることである。彼は「家の繁栄のもとは、孝を第一にして、分相応の道をもって、家の中が一つに和すると、わざわいはなくなり、家が豊のなることは疑うこともない。そして、家は豊かに富むことになる」と教えている。現在の富をいかにいて子孫に伝えていくかについて説いたものである。この教えは上田や小諸で大きな商いをしている中流以上の町人へ教えた教訓であった。さらに彼は「性学趣意」の中で「人々が富を守るには、その家で「規矩（きく）」をたてることである。「規矩」をたてるには礼（れい）が無くてはなかなか難しい。このため、礼（れい）をなくすると「規矩」を破ることになる。このため、人びとが礼を守るのは、「規矩」を守るためと覚えておくこと」と述べている。一方で、「規矩」には志しがなくてはならない。礼（れい）のみでは実現できないとみていた。「この礼には志がなくてはならないと家は豊かにならない」と述べている。志とは実現したい望ましい計画であり夢であり、新しいことへの挑戦である。信州での講学が盛んになると参加者が増えてきた。幽学のうわさを聞いて上田藩士までも幽学の講義を聞きにきた。浪人にすぎない幽学の教えに多くの弟子ができたことにより、領主に疑われはじめた。藩からの目もきびしくなり、そのまま上田にいることは参加者に迷惑が及ぶことを心配した。幽学はこの地を去ることにした。彼には多くの門弟ができたがその中でも小野沢辰三郎は第一人者であった。彼は病身であったため幽学と別れてから九年後に亡くなっている。後に幽学は辰三郎の死を聞いて彼の死を悲しみ、歌を詠んだ。彼は精神的にも大きな痛手を受けた。

あるじなき野寺に秋の雨宿り

さらに驚くのは辰三郎の子供の景太郎が十一歳の時、上田から房総の長部村まで幽学に教えを受けるために訪ねてきたことである。江戸には大勢の優秀な先生がいたなかで、父の願いで幽学のもとで学びたいために房総まで来た。ところが、景太郎は一五歳のときに長部村で亡くなっている。慶太郎の墓は大原幽学の墓の右隣にたっている。

■新しい旅路

天保二年（三十五才）

八月九日に上田を去り江戸にむかった。おおぜいの弟子が見送りにきた。彼は非常に感激して、つぎのような歌を詠んだ。

「別れても　心は通え友人の　誠の道の　へだてなければ」

道中には彼の荷物が多いために吉兵衛というものを雇って荷物をもたせた。中仙道を高崎・熊谷・大宮と歩いて八月十四日に江戸に着いた。彼は江戸に着いたとき上田にいた弟子が放蕩の生活をしていることを聞いた。幽学は八王子にいた弟子を三日かけて説得に動いた。そして、説得に成功して二人で高尾山に参拝した。二人は山頂から美しい風景を見て気持ちを新たにした。幽学はさらに八王子から江戸にでた。江戸は大阪と同じように大都市であった。混雑した町には多くの商人や職人が働き、武家屋敷が多く侍の町であった。江戸は幽学のめざした貧しい農民が住む土地ではなかった。

■江の島と鎌倉への見物

彼は江戸の騒がしさを離れて歴史的にも古い伝統もつ相模の国の見物にでかけた。このため、江の島・鎌倉の景勝地と寺と神社の参拝にでかけた。この参拝と見物旅行ではすべて宿に泊まっている。おそらく上田の門弟から餞別としてわずかな金をいただいたためであろう。江戸から神奈川宿で泊まり、藤沢の時宗総本山の藤沢寺を訪れた。この寺は遊行上人が開いた寺で幽学も興味をもつて参拝した。江の島では弁財天を訪れてここで宿泊した。翌日は腰越を通り、稲村ケ崎で新田義貞が剣を投げた跡を見た。長谷観音と大仏それに鶴ケ岡八幡宮と建長寺にも参拝している。この時代の建長寺はそうとうにさびれており、幽学も俳句でそのあわれさを詠っている。円覚寺も訪問している。さらに頼朝公の墓を訪れ、大塔宮の墓を訪れている。大塔宮（護良親王）には深い印象をうけたようで、後にふたたび訪れている。幽学のような当時の知識人にとり後醍醐天皇の改革やその子供の大塔宮（護良（もりよし）親王）の悲劇は永遠に忘れられない事件であった。彼は大塔宮の墓のある現在の二階堂から朝比奈切通を歩き金沢方面に出た。ここには金沢八景という有名な景勝地があり、船で見物した。海に浮かぶ島々は実に景色がよい。彼は八景の野島から船に乗って浦賀方面への見物にでかけた。船は浦賀に着き、紺屋七兵衛と懇意になりそこに滞在した。そこでいろいろな人物との出会いがあった。幽学は紺屋七兵衛という人と仲良くなり、油壺や城ケ島の見物をいっしょにした。このあとで三浦岬も見物してふたたび浦賀にかえって紺屋宅に泊まった。浦賀では一ケ月ちかく滞在した。このとき七兵衛からのすすめで房総の地にある鋸山の見物をすすめられた。鋸山からは関東近辺の十州が一度に見える景勝の地で、ここからは富士山も見えるからぜひ見物してくるようにすすめられた。幽学の旅のねらいは景勝地の見物ではない。しかし、房総という土地にも興味をもった。彼は一一月十八日の早朝に房総の鋸山に行く船があるのでそれに乗船することにした。

第四章　房総の地にあらわれた大原幽学

■房総の地に足をのばす

久しぶりに大きな帆をはった船旅である。船は相模の国の浦賀をでて一路、房総半島の鋸山をめざしていた。江戸湾といえども浦賀は三浦半島の先端に近い。また房総の金谷も外洋に近いため波は強く船は大きく揺れる。久しぶりの船旅である。三年前には姫路から丸亀まで瀬戸内海をわたったことが思い出された。丸亀の金毘羅宮には二度もお参りをした。そのたびに瀬戸内海の島々をめぐってきた。その美しい風景を歌に詠み、心を磨いてきた。幽学はすでに三十五歳になっていた。身分は浪人で無宿人であるが見た目には老けていた。旅の路銀は上田で門人からいただいた餞別や蓄えが少しあった。彼はこれから行く房総の地でもこれまでに身につけた学問や技術で十分に生きていける自信があった。漂泊の旅では和歌・俳諧の宗匠であり、人の顔をみてその人の運命を判断する観相や易による占の専門家でもあった。刀剣に関しては鋭い鑑識力をもっていた。京都で儒学や易学や神道や石門心学を学んでいた。高野山での四年以上の修行で真言密教の教えを学んだ。この地では農業技術や建築、治水・土木技術それに医学など、生きて行けるだけの高度な技術を習得していた。さらに生涯の師である提宗和尚に伊吹山の松尾寺で易・観相それに禅宗のことを学んだ。医術にもたけていたため農家や商家では人助けもしてきた。つい、数日前まで相模の江の島から鎌倉に遊び、金沢八景の小さな島々と木の茂る静かな海を見て楽しんでいた。そして、八景島を見て瀬戸内海のことを思い出した。幽学が船に乗り浦賀から房総に船旅をするきっかけは紺屋七兵衛という人物と知り合ったことである。彼は鋸山の見物をかねて房総地区の寺や神社それに史跡をめぐり、そこに住む人々の生活の事情を知りたかった。遅れた関東や東北の地で困った人を助けるために、その土地の産業や農業のことにも関心をもっていた。

■運命が引き出した房総の地

天保二年（三十五才）

浦賀から海路安房の国（千葉県）の君津市の天羽町白子に着いた。ここから鋸山まで約二里すこし（九キロ）歩いた。鋸山は山全体が鋸のように刻まれた岩でできている。幽学はこの山にある日本寺の住職大静と仲良くなった。もともとこの寺は法相宗であったが途中で天台宗から真言宗になり徳川三代将軍の家光のときに曹洞宗になった。幽学は空海の教えにも詳しく、住職とは高野山での修行の話

図1　浦賀から房総への旅

や神道・儒学・心学などにも話題を広げたのであろう。この縁で住職から多くの人の紹介をうけ伝書を書いてもらった。さっそく館山の儒者の林潤蔵を訪問した。このときの訪問がきっかけで二人は仲良くなり、幽学はたびたび潤蔵を訪れて酒を酌み交わしている。林氏の勧めで七浦という名所を見物するために現在の館山をとおり白浜町にきた。図1には幽学が浦賀から君津市の天羽町に船で着いたあと、歩いた経路が示してある。彼は房総の風景が気に入りそれを歌にしている。滝口から見た富士山のながめがよく富士山と箱根山、伊豆、大島、三宅島、八丈島のスケッチをしている。旅は野島崎から白浜、七浦、和田、鴨川、小湊と房総の東海岸を歩いている。一二月七日には林潤蔵にお礼を述べるためにふたたび館山に立ち寄った。ここで林先生は幽学を引きとめて、今年は我が家で年を越すように言われた。このとき、林先生から久留里の家老の息子の弟が放蕩のくせがあり何とか指導できないかとという相談をうけた。

■苦労した漂泊の旅

彼は保田から富津をへて木更津にでた。この後で図1のように木更津から久留里、大多喜、勝浦にいき長者から一二日に一宮に着いた。ところが、木更津から久留里に行く途中で、幽学は馬に乗った。冬の寒い中で深い田の中に落馬して衣服は濡れてしまった。久留里の宿で濡れた衣服を乾かしたこともあった。一宮では餅屋治兵衛宅で泊まることになった。ところが彼は餅屋に泊まるとき旅費がなくなった。このため、西房総に行けなくなり、ここで年を越した。旅費をかせぐために彼は大道橋のたもとで占筮をして少しの金を貯え、これを餅屋に支払って泊めてもらった。このことが縁になり、幽学は餅屋治兵衛と親しくなった。幽学が占筮をするには、占いの道具や衣類や文献は持ち歩いていたことになる。相当の重い荷物になるはずである。その後、幽学はたびたび一宮の餅屋を拠点にして指導をおこなった。幽学はこれまでの歴遊の旅でも何度も困ったことに出会った。どのように困っても彼は理由もなく人の家にお世話になることはなかった。困ったときはトウモロコシを食べて歩いたこともある。この年、林潤蔵から頼まれた久留里藩の家老岡本重郎左衛門の子である放蕩息子の新九郎の教育をたのまれた。彼は関東での人の性格がこれまで見てきた関西人の性格と異なっていることにとまどいを感じていた。彼は関東人と関西人の違いをつぎのように述べている。

関東人は「人が右を向けと言うと、たちまち気持ちは左りと浮かぶ、左というと右と思う癖がある。疑うことが少ないが、背くことが多い」

関西人は「人が右というとまず一旦は右と思い、左と思うとまず左と思う、しかし背くことは少ないが疑い深いことが通例である」

幽学は関東人の偏屈な性格には苦労をした。現在のオレオレ詐欺では関東人はだまされるが、疑い深い関西人は騙されないことにもその性格が今も生きている。幽学は最初、教育を断っていたが、そのまま久留里の町の周辺に滞在して岡本家に出入りした。これは林潤造の幽学への同情からでたものであろう。翌年の天保三年になって一年かかって放蕩息子の新九郎をまともな人間に生まれ変わらせた。

それは幽学の侍としての誠実な人柄と幅広い知識と洞察力、それに漂泊の旅から学んだ人生観があったからである。幽学はつぎつぎに新しい知り合いができた。

■困窮していた北総の農業経済

幽学が訪れた天保二年は作柄が悪い年であった。農民は不作のために生活が成り立たなくなった。房総の農村は疲弊して、人びとの生活は困窮していた。幽学は房総の地で生きている農村の貧しさを見た。これまで漂泊してきた関西地方の進んだ農業技術や生活をみて房総の地の貧しさと遅れた農業技術に驚いた。彼は房総の地について興味をいだき、何かできるものはないか考えた。翌年は北総への旅に出て農村の現状を見ることにした。まさに幕末のころ関東の農村は荒廃のなかにあった。一般に房総半島は南北に分けてよばれている。北側は北総といい、南のほうを南総という。北総地区とは房総半島の利根川の河口の銚子や犬吠岬から九十九里浜と利根川にはさまれた地域である。この地域には将軍家の親族である清水家や田安家をはじめ小さな旗本の知行地や天領が多かった。領主は江戸に住んでいたため、この地域は代官や出先の役人が農村を支配していた。江戸に近く、江戸時代の中期から醤油の生産が盛んになった。江戸という消費地をかかえていたため、利根川ぞいや九十九里浜地域は早くから商品経済がさかんであった。ここの産物は米・麦・きび・大豆・そば・野菜等であった。米は年貢にとられるため、農民にとって現金収入となる農産物はほとんどなかった。北総地区では一部の豪農といわれる人が醤油業、酒造業や漁業などを兼業して利益をえていた。さらに、商品の販売などもしていた。一方の農民は貨幣経済がいきわたり生活は苦しくなり土地を抵当に入れて借金をしていた人がおおぜいいた。多くの百姓が小作人に没落していき、農家数も減少していた。土地は細かく分割されて統治されていた。一つの村に何人もの領主が分割していることもあり、小さな知行地をもつ領主は財政的に困窮していた。この地区は大きな大名がいないため、治水工事も農業技術も遅れていた。明和や天明の時代には飢饉により相当数の零細な農家は破産していた。そして、家族ぐるみで村を逃出したり、つぎつぎに離村する農民が増えていた。耕地をなくした農民が多く出た。彼らは日雇や出稼ぎや無宿人になった。出先の役人はこの地域を統治することを忘れて悪政をして農民を苦しめた。

■北総への探索の旅

天保三年（三十六歳）

一月より四月十二日まで一宮と久留里の周辺を歩いている。宿泊した場所は一宮の餅屋治兵衛と久留里の家老の岡本宅であった。四月十三日から一宮から江戸にでた。江戸から再び、金沢八景と鎌倉をへて三崎への見物に出かけた。金沢八景の近くの野島から船に乗り三浦に行っている。このあと鎌倉を訪れている。なぜ同じ場所をおとずれたのだろうか。それは彼の厚い天皇への思いからである。前回は時間がなく通りすぎただけであった大塔の宮（護良親

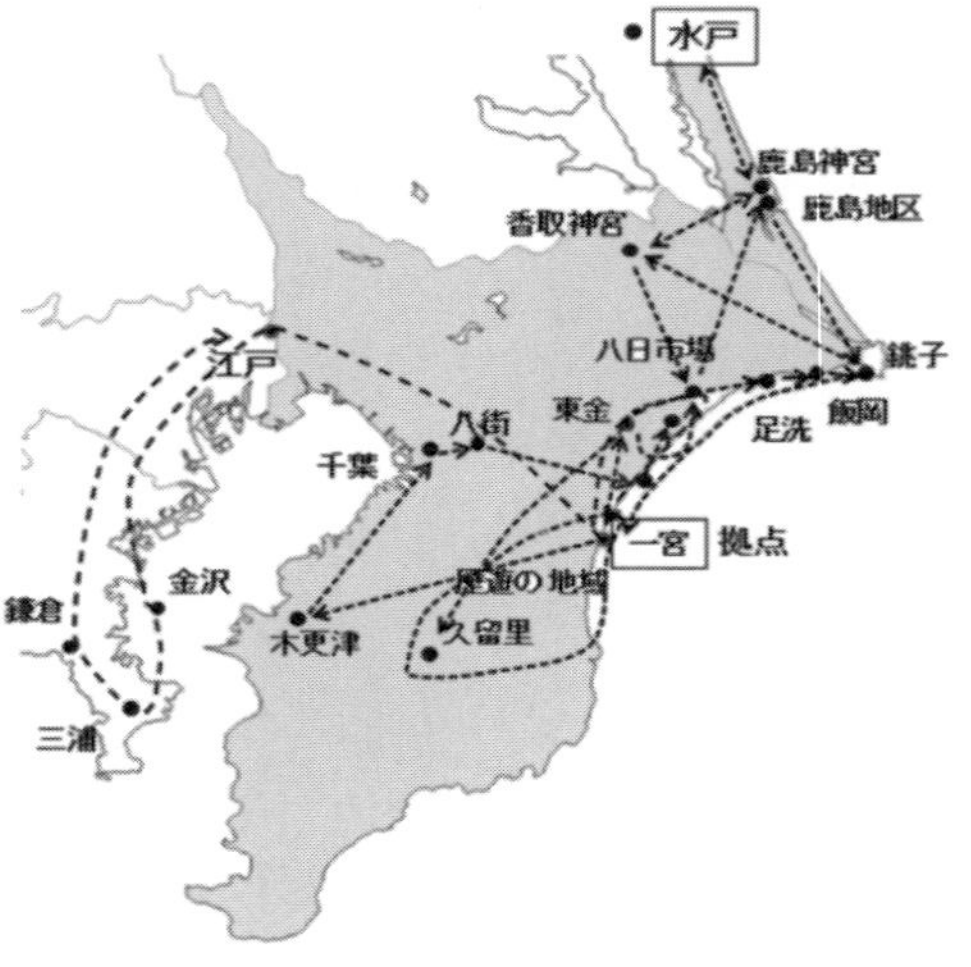

図2　2年目の北総への遊歴

王）への思いである。幽学は後醍醐天皇の子である大塔の宮が閉じ込められていた土牢のあとを訪れることが今回の目的であった。彼は護良親王が亡くなられた場所の前でお祈りをした。彼は護良親王の無念の心を思いながら涙をながしたことが日記にでている。そして、歌も詠っている。幽学は武士であり、関西の旅で湊川の楠公の碑を拝して熱い涙を流している。幽学は楠木正成（まさしげ）や息子の正行（まさつら）の後醍醐天皇への厚い忠臣に心を打たれている。幽学は楠木親子と同じように天皇にたいして絶対的な信頼をよせていた。さらに、鎌倉の八幡宮に詣でて源平池の柳をみて歌を詠んだ。このあと、江戸にむかった。四月十二日より二十五日間の旅であった。ふたたび、江戸から久留里に帰った。途中で風流な人物と出会い酒をごちそうになっている。彼は見知らぬ人と出会い、歌を詠った楽しい旅であった。この年に三回も北総地区を旅している。

一回目の遊歴：六月十五日から七月十四日までは東金から八ツ台、殿部田（とのべた）から八日市場をまわり一の宮に帰った。訪問先では歓迎をうけ酒などのごちそうをふるまわれた。お礼に、歌を詠った楽しい旅であった。

二回目の遊歴：八月末から十月にかけて東金から屋形をへて海沿いに八日市場にいった。東金では同じ宿に泊まった人と仲良くなりつぎの清水村の不動院に案内されて泊まっている。彼は見知らぬ人とも気楽に話合い、うちとける話術をもっていた。また、彼のもつ深い教養は人々をひきつけた。旅は飯岡から銚子に着き薬師堂という寺で泊まった。ここから鹿島神宮をへて香取神宮を参拝した。幽学は二つの神宮の神官とも仲良くなっている。この後は八日市場に行き、久留里に帰った。

三回目の遊歴：十月十二日に久留里をでて木更津に行った。旅の途中で知り合った人と俳句の連歌を詠った楽しい旅であった。ここから千葉に行き、岩富から八街をへて九十九里浜に行き、八日市場に着いた。驚くのはここからさらに、鹿島にむかい、水戸方面に行ったことである。鹿島から水戸にでて太田にある水戸光圀（西山公：水戸黄門で有名）の遺蹟を訪ねている。彼は湊川の楠公の碑や鎌倉の大塔宮をたずねて涙を流す愛国者であった。この旅でも、困窮した房総の地が彼の心に大きく残った。単なる見物旅行ではなかった。帰りは銚子をへて九十九里浜を歩き、一宮に着いた。十一月には一宮から館山の林潤造を訪れて岡本家での現状を報告し、ふたたび一宮に戻りここで年を越している。彼の博識と高潔な人格は幼少期の家庭の教育と京都や高野山と松尾寺での修行と長い旅の中から養われたものである。彼は気楽に人々ととけあい、笑わせて相手の心の中にとけ込んだ。彼の教えにしたがう人も多くなった。彼は内房総の旅では豊かな家や寺で宿泊し地元の人と交流しながら農村を見て回った。田畑で働く農作業を見て実にムダな作業をしていることにも気がついた。彼は房総の農村の実態を見て感じることが多かった。この年は一の宮の餅屋治兵衛宅で年をこした。

■北総を歩いて人心を知る

天保4年（三十七歳）

中井は「幽学がその不滅の事績をのこし、またそこに生涯を終えることとなった房総の地に足を向けたのはまったく、偶然の動機によるものであった」と述べている。しかし、これを偶然というよりも、幽学の心の中には人々のために生きるという強い意志があったから実現できたのである。彼はどこかの土地に自分を必要とする場所があり、その場所を探すために房総の地までたどり着いたのである。幽学が単なる物見遊山で房総にきたのではない。浦賀の七兵衛との出会いからはじまり、館山の儒者林潤造との出会い、そして長部村の名主の遠藤伊兵衛との出会いが大きく運命を変えていった。彼は困っている人々を助けるという強い意志をもっていたために運命がつぎつぎに開けていった。

■北総に活躍の場を見出した幽学

この年は九十九里浜から主に北総方面にかけて歩いている。一宮から東金にいき、八日市場をへて銚子に行った。潮来をへて香取と鹿島にいき両神宮を参拝し、水戸にもでかけている。その間に北総の地域を調査しながら地元の人との交流を深めた。幽学の交流は南総から北総に変っていた。その後、彼がたびたび訪れたのは八日市場、殿部田、鏑木、長沼、足洗であった。この地域には彼と親交の深かった人物がいた。八日市場では小作半兵衛、殿部田の南陽道人、鹿島神宮と香取神宮の宮司、鏑木

この地域には彼と親交の深かった人物がいた。八日市場では小作半兵衛、殿部田の南陽道人、鹿島神宮と香取神宮の宮司、鏑木の僧栄俊その他に飯高、長沼にも親交のあった優秀な指導者がいた。なかでも鏑木村の正賢寺の栄俊を知ったことは幽学の人生でも大きな心の支えになった。彼は栄俊とは心が通じたことを日記に書いている。高野山や松尾寺での修行で得た仏教の奥深い知識と修行で習得した技術をとおして栄俊とは理解しあえる相手であった。彼が遊歴をするとき親交のあった人の家を拠点にして教化活動をしている。遊歴をするとき親交のある人の伝書や紹介状をもって旅をしている。一度、親交をもつと何度も訪問して彼の教えを広めていた。

■幽学の教えた「聖学」「性学」

幽学は地元の有力者に最初は「聖学」として、後に「性学」と名前を変え、石門心学や儒学それに仏教や空海の言葉をまじえた教えを説いた。彼の教え方は先生が門人に教えるという方法でなく、門

人と討論形式をとるという新しい方法であった。そして、討論を通じて皆が納得した後で問題を解決させるという方法であった。この地方の知識層の人々の間には儒学の素養をもつ人もいた。彼は村々の有力者を訪問し、人相や易を観たり、仏教や石門心学を論じ、短歌や俳句を詠んだ。得意の弁舌でこれまでに漂泊してきた農村や大坂・京や高野山の話をした。このとき裕福な農民には「分相応」の生活を教えたり、ときには農業技術を指導した。さらに質素な生活の中から経済的にも精神的にも豊かになる方法を教えた。金も地位も名誉もない漂泊の浪人である幽学の教えは人びとの生活の中に広まっていった。幽学の教育は門人と個人どうしの交流を図り信頼関係を築くことからはじめた。有力な指導者とは酒を飲み、和歌や俳句を詠んで交流をした。

■人びとが信じた幽学の教え

天保五年（三十八才）

幽学が人々に本格的な道を教えるようになったのは天保五年からである。正月の十八日までは一宮に滞在し、翌日から活発に動き出した。八日市場、殿部田、長沼村、鏑木、飯高などを精力的に歩いた。そして、北総の村々をまわって多くの人に聖学を教えた。善行をする者には景品をあたえてその意欲を表彰した。彼は聖学を人に教える前に人々から信頼をうけるまで「馬鹿先生」という名前で呼ばれた。彼は人々を笑わせながら心の交流をして、彼の教えを説き始めた。彼は最初の一、二年は相手に情をかけて人間としての交流をもってから後に本来の「理」を説いている。最初から人に道をといても、無宿人で浪人の彼は信用されなかった。彼は「馬鹿先生」と呼ばれても気にもせず相手と信頼関係を結んでいった。彼の北総での活動範囲は図3のように一宮を拠点にして黒印の場所である。

図3　北総における活動範囲

この年は優秀な門人が多く入門した。長部村の名主で後に性学の二代学頭となる、遠藤本蔵（良左衛門）、松沢村の名主、宮負定雄もいた。彼は平田篤胤の弟子で農村の更生で活躍した。熊野権現の神官、宇井出羽守も入門した。彼は十三村の氏子をもち地元の人々から尊敬されていた。この年には医師や後の性学で重要な働きをした有力な門人も入門した。このように多くの村の有力者がつぎつぎに入門し、入門者は七〇人になった。彼が北総で講学をした人は主に、神官、僧侶、医師、土地の名主、民間の儒者、風流人などの北総の指導的な立場にある人であった。交遊したこの年の十二月には聖学を性学という名前に変更した。幽学がこのように、北総の地で活躍できたのは、それなりの理由があった。この当時の北総はつぎにあげるような事情から幽学のような人物を受け入れる素地ができていた。

■博徒が横行した北総地区

後に大原幽学が滞在して農民を指導したのは北総地区の長部村である。この地区には代官酒井助三郎が名主とともにきびしく年貢をとりたて、賄賂をとっていた。とくに年貢の割り付けは個人でなく村単位であった。これを悪用して割増しして年貢の取立てをして、私腹をこやしていた。米の収穫量が低くなっても、年貢は高くなり、人びとの生活も苦しくなった。利根川領域では商品経済の普及にともない多くの無宿人がでてきた。明和四年（一七六七）には幕府のお触書（おふれがき）には「関東筋ならびに甲州辺はよろしからざる者もでき、とくに武蔵・上野・下総・常陸辺はそのような者がいる」と出している。その後、明和六年には関東地方には浪人者と称する多くの者が出入りしている注意書きが来た。文化元年（一八〇四）にはさらに治安が悪化していた。享和三年にも盗賊の取締りの願いが出ている。文化二年には移動警察の働きをする関東取締出役（通称は八州廻り）を置いて治安をはかった。彼らは関東一円の村々を廻村した。村々では自衛組織もでき、盗賊や浪人者を取り締まった。このようなおおぜいの無宿人がでたのは農村の疲弊が原因である。

■八州廻りと博徒

農村は荒廃し、浪人や博徒が横行していた。関東一円の地には博徒がいたるところにはびこっていた。まともな農民でも農業に集中できる状況ではなかった。人々は生きることへの望みをなくしてその日の享楽にはしっていた。関東では銚子の五郎蔵、佐原の喜三郎、飯岡の助五郎、笹川の繁蔵、上州の大前田英五郎、国定忠治、日光の円蔵、武州の新門辰五郎などのバクチ打ちの親分がいた。彼等はバクチ場で金銭をまきあげ、農民からも金をまきあげていた悪人であった。役人は博徒を取り締まらず、彼らと結びついて利益をえていた。下総地方では侠気という名をかりて、農民や商人を苦しめていた。彼らは縄張りをもって子分を養い、弱い立場の人びとを苦しめていた。いろいろなトラブルを起こして領民をいじめてきた。また、豊かな農民からは金銭を強奪していた。八州取締りは表向きは無法者を取りしまっていた。しかし、裏では幕吏はこれらの博徒から巨額の賄賂を得ていた。そして、人びとが苦しんでいる状況を見てみぬふりをしていた。

■佐倉惣五郎の伝説

この地方には有名な「佐倉惣五郎」のような義人の話が伝わっている。「佐倉惣五郎」は江戸の初期に佐倉藩の領主である堀田氏のきびしい年貢の取り立てに苦しむ農民のために将軍に直訴をして処刑されたという言い伝えである。この話は歌舞伎の演目として嘉永四年（一八五一）に上演された。百姓一揆が演目の内容になるという面白い例で、またたくまに全国にひろまった。講談や浪花節にもとりあげられた。ところが惣五郎の一揆の事実は確認されていない。しかし、館山には万石騒動と三義民の話が残っている。正徳元年（一七一一）に起きた事件である。房州館山の北条藩一万石の藩主屋代忠位の家老に川井藤左衛門がいた。彼は新田開拓・用水路の切り拓き・保護林の伐採などで増収を図った。このため、領民を無償で働かせ、年貢の倍増を命じた。農民は年貢の減免を江戸の屋代家に訴えた。これに怒った川井は名主六人を牢に入れた。百姓はこの仕打ちに、ふたたび江戸に行った。怒った川井は三名を斬罰にした。農民は老中安部守に直訴し、判決が翌年だされた。川井親子は打ち首、関係の役人は追放され藩主の屋代は房州一万石と江戸屋敷の取り上げになった。死罪を免れた三人も追放になった。犠牲になった三名主を三義民として崇めて石碑をたて、今も地元で祭りがとりおこなわれている。

■江戸時代よりも腐敗している日本の現状

この時代はバクチが禁止されていた。それを取りしまる「関八州取締」の手先がバクチ打ちであった。大原幽学を死に追い込んだのは飯岡の助五郎というバクチ打の親分の手先であった。飯岡助五郎は二十歳のころ飯岡にきて漁師をしていたが、三〇歳のころには飯岡一帯に縄張りをもつ網元になっていた。彼はバクチ打ちをしながら片手間に幕府の十手をあずかっていた。泥棒と警察をかねていた、三つの顔をもつていた。現在のパチンコというバクチの世界に警察が関与しているのと同じである。世界の文明国で駅前に三十兆円の売上げをだすバクチ場があり、近くに貸金があるというのは文化後進国の日本の象徴である。暴力団という名前で弱い者をいじめるやくざが法律に守られて大手を振って威張っている日本の社会は異常である。おそらく幽学が生き返ったらこの腐敗した日本をどう見るであろうか。幕末の荒廃した北総の農村を学問で更生させようと平田学派の国学が持ち込まれた。しかし、この地域を根底から変えることはできなかった。荒廃した村を立て直すことができたのは大原幽学という農村の指導者が房総に来たことからはじまった。彼は武士の生まれで死をもいとわぬ武術を身に着けていた、高野山で即身成仏の教えを受け、物質的にも精神的にも失うものは何もなかった。漂泊の旅で鍛えられた体力や気力は、やくざのような武術も知らず、弱い者をいじめる度胸のない人間を虫けらのように見たであろう。しかし、彼は孔子と同様に怪力乱心を語らなかった。

■荒廃した北総の地を立て直した大原幽学

天保六年（三九才）

北総で大原幽学を全面的に支えたのは名主の遠藤伊兵衛と子の本蔵の親子である。遠藤伊兵衛も「この一帯は風俗が悪くバクチ、淫奔、狂凶で農民は農業を棄てたために農家の戸数が減少した」と記録に残している。記録によると長部村は明和八年（一七七〇）は四十軒の農家があったが天保十一年（一八四〇）には二四軒になっている。このような荒廃した村の事情は長部村のみでなくこの附近一帯に起きていた。

■二宮尊徳も活躍した困窮した関東の復興

幽学と同じ時代に二宮尊徳も小田原藩から現在の栃木県にあった桜町領の旗本宇津氏の救済を命じられた。このとき、彼は関東地域の調査をして困窮した関東の農村における現状をつぎのように小田原藩に報告している。

「土地が痩せて、田畑の作物の発育が悪く、根株から穂先までは軽く、広い面積を耕して多くの収穫を得ようとしているが、かえって人手不足になっている。水路は変化しているが変更するだけの余裕もない。毎日の生活に追われて、新しいことを勉強したり工夫改善したりして考える時間も余裕もない。したがって人心が荒廃している」と述べている。生活のために借金をしている家も多かった。現金収入を得るために他の領地に奉公したり、日雇作業で賃金を得たり、小売業をしたり、漁業で生活をしていた。本業の農業の仕事を怠って、日常の食糧も不足していた。良田も荒廃してしまい、農業を嫌い、家族を養うこともできなくなった。村から家族ごと逃げだし、家の戸数も減少していった。村では博打がはやり、家々どおしの紛争がたえまなく起こった。さら流行病もはやり、天明の飢饉では大きな打撃をうけた。この苦しさに耐えかねて百姓はつぎつぎに桜町領から逃げ出した。このため、農家の人口が減少し、田畑を耕す人もいなくなり、荒れ果てていった。江戸時代の年貢は村単位で請け負い（村請制度）であった。この結果、人口が少なくなり荒地になって田畑の年貢も村人全員で負担することになるため、年貢の分担金が増えていった。

■北総への指導

幽学は性学の講義を北総の各地で毎日のように開いていた。その活動範囲は図3の八日市場、飯倉、鏑木、飯倉、殿部田、松沢、諸徳寺、長部、長沼、荒海、小見川、銚子、香取、鹿島など北総のすべての地区にわたった。彼が最初に交遊を持ったのは上総一ノ宮、香取神宮、鹿島神宮などの神職や、鏑木の栄俊や飯高村の顕俊などの僧侶であった。幽学にとり、高野山や松尾寺での仏教の修行や熱田神宮や京都での神道の教えや心学を体で体験したため、たがいに理解しやすかった。幽学が廻っていた北総の地は漁業が盛んであった。地引網の網元は漁業以外にも広い耕地をもつ地主であった。彼ら豊かな網元で地主のなかから豪農といわれる人もでていた。彼らは、全国を旅して漂泊の文化人を迎え入れていた。房総の地に山崎闇斎の「崎門の学」が享保十二年年（一七二七）に入っている。その後に多くの有名な儒者がこの地で学問を教えている。有名な儒者である佐藤一斎の弟子もいたし、漢学塾も開かれていた。彼らの教えはこの地の富裕層に知られていた。また、香取地区では平田篤胤の平田国学が一部の豊かな人の間で広まっていた。幽学はこれらの学者と異なり儒学の知識はそれほど深くなかった。儒学は一部の豊かな人々には教養として受け入れられた。しかし、このような教えをいくら聞いても稲や大根や麦は育たないことを地主も農民も知っていた。田畑で働く農民にとり儒学は何の役にもたたなかった。むしろわかりやすい石門心学や空海の教えの方を庶民は受け入れた。彼はこの地で性学を教えながら貧しい農村を復興させる方法を頭に描いていた。しかし、それを実現するには地主などの許しが必要になる。彼は馬鹿先生と呼ばれながらも、それに耐えていつの日か農地の改革をして農民が豊かになる方法を頭に描いていた。それまでは時間をかけて性学を教え、地主などの農村の支配層に食い込んでいった。

■幽学に入門した人

この年に幽学の遊歴は二十二年になっている。彼は四千人の友人ができている。この中で五人の優れた弟子を五君子と呼んでいる。その五人とは大阪の綿屋吉兵衛、彦根の源次郎、上田の野沢辰三郎をあげ、残り二名は地元北総の宇井出羽守と本多元俊をあげている。幽学は謙虚にこれら五人には及ばないことも述べている。とくに北総の宇井出羽守と本多元俊にはそのすぐれた行いを表彰して景物という贈り物をあたえている。幽学の教えは実践から入った。高野山で学んだ農業技術や空海の教え、それに松尾寺で学んだ禅や易・観相それに神道や石門心学を中心に儒学をまぜわせた独自の教えであった。彼は遊歴の旅で自分の思想を体系化していなかった。

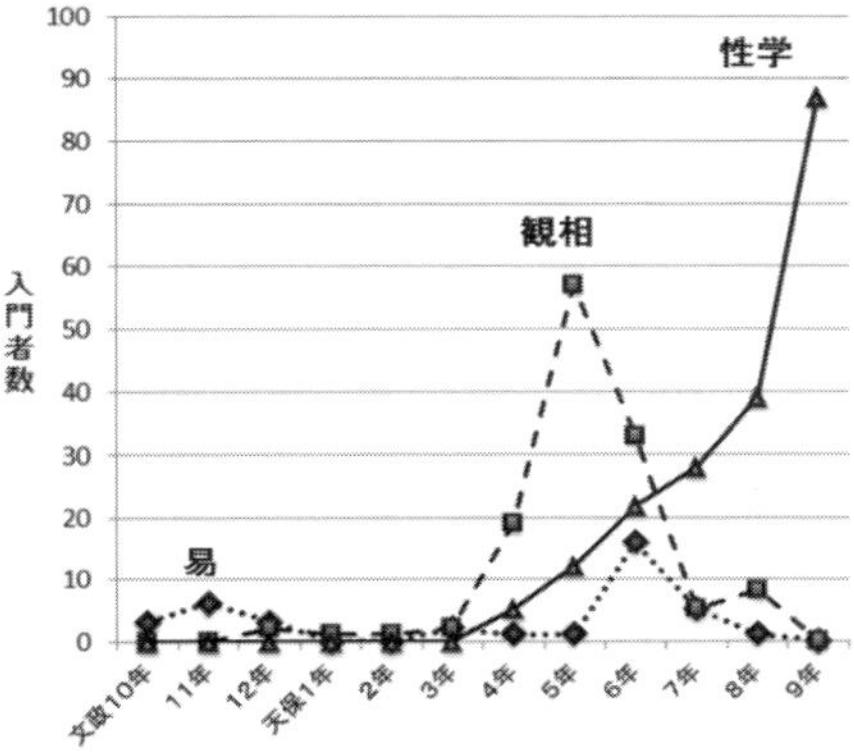

図4　易・観相・性学の入門者数

このころから自分の体験からでた教えをまとめはじめた。そしてこの年から、「聖学」という名前をあらたに「性学」または「性理学」とした。その間に彼の教えはつぎつぎと新しくなっていった。幽学が弟子に入門するときに書いた「入門誓約書」を神文といった。その内容は易、人相、性学の三種類になっていた。越川の研究によると三つの分野の入門者数は図4のようなグラフになる。文政十年から天保元年までは関西を遊歴していたときのデータである。天保元年から天保二年は上田にいたときである。そして、天保二年に房総を歩き始めて訪れた年である。天保三年まではまだ房総の地を歩き回っていた。天保四年から天保六年までは観相・易の神文が多い。性学は天保四年の五人から始まり、毎年増えている。天保八年に三十九人で天保九年には八十七人になっている。

■易学と相学の伝授

幽学は新井流易学は文政十年から関西の遊歴において伝授されている。「新井流易学」と「古易奥儀」が門人にあたえた伝書である。文政十二年には観相学の伝授を受けている。京都と松尾寺で学んだ易学と観相学は遊歴の中で磨きがかかり、生活の糧にした。彼の易では「もし、占いが凶とでると、この凶を除いて吉が得られるように努力することである。そして、心を静かにして身を修めることである」と吉や凶についてはあまり重要とみていなかった。観相学においても「人相は人を観るだけが目的でない、ただ自分の悪を知って、その行いを改めることが重要である」とみていた（「人相奥儀」）。

■性学の成果

石門心学をはじめた石田梅岩は「性」とは人から動物・植物までも天からさずかつたものが生じる理のことであるとみている（都鄙問答）。「性」と「心」は同じようであるが、「性」は天地をつらぬく永遠に変わらない善であるが、「心」は時により私利私欲で本性を失うとみている。幽学は人々を正しい道に歩むために彼の始めた性学の教えを説いてまわった。幽学の日記には彼の教えを信じてこれまでの親不幸を悔い改めるもの、善行に励んで家を盛り立てる者、他人のために心から尽くす者、などの例が多く出てきている。この中で善行に励むものには、「景物」として、和歌、俳句、を書いてあたえたり、鏡や硯、墨、書物などをあたえている。この景物は後の長部村での農村改革でも同じことをおこなった。二宮尊徳も同じようなことをして農村の復興でおこなっている。たとえば性学の教えをある地主の家で講義したとき、その教えは村全体に及んだという。この村では、性学の教えを信じてこれまでの生活を悔い改め、これまでの大酒飲みをやめ、博打をやめている。また、別の家でもこれまでの親不孝を反省して悔い改めたために家は豊かになったという記録がでている（道の記）。しかし、幽学の本心はたんなる性学では貧しい農村を復興できないことをみていた。

■四十にして惑った幽学と連中誓約

天保七年（四十才）

この年は天保の大飢饉が全国をおそった。天保の飢饉は天保四年（三七才）と天保七年（四〇才）をピークとする前後七年にわたる大飢饉であった。米はできずに高騰し、全国的に百姓一揆や打ちこわしが起きている。幕府は酒の製造量を大幅に減らしたり、米の流通を自由にするような政策をとった。江戸では飢饉へのお救い小屋もできた。房総地方も、この年の秋には稲は実らず米の収穫がほとんどなかった。このため、米は高騰して多くの人々は飢えていた。その惨状はひどく人々はヨモギのような草と川のタニシをとって食べて命をつないだ。この地方では飢饉への対策はなされていなかった。すでに天保三年ごろから天候がおかしくなり飢饉がではじめていた。幽学は北総の悲惨な状況をみて一度、上方に帰国するという考えをもった。この飢饉で幕府の体制は大きく揺るぎ始め、三十年後には明治維新へとつきすすむことになった。このような悲惨な状況の中で何もできない幽学にはあせりを感じたのかもしれない。彼はこのまま上方に帰国するか、そのまま現地にとどまるべきかで大きな迷いを感じた。幽学は四十歳にして大きな迷いに苦しんだ。

■奥州への旅行と上方への帰国

二月には幽学は最高の弟子である宇井出羽守、本多元俊、遠藤良左衛門それに椎名、桧垣の五名で奥州旅行をしている。この飢饉の苦しいなかで東北を旅して農村の惨状をみることになる。二月一日に小見川をでて鹿島、大洗、水戸、太田、平、仙台、塩釜をへて帰りは日光から筑波にでて三月三日に松沢に帰った。この一カ月という長い旅行で幽学はこれらの人と、うちとけあい、人間として五人から絶対的な信頼をえた。越川はこれを幽学が上方に帰る別れの記念旅行とみている。しかし、その後の幽学の動きからみると別の見方も考えられる。この旅行はあくまでも幽学が北総に残り大きな改革を目指していたことを実現するための戦術であった可能性がたかい。北総の代表的な指導者とうちとけあい幽学への信頼が高いことを確認した旅であった。四月になって彼は何をおもったのか、上方に帰国することを人々に明らかにした。彼は北総の道友のひとりひとりと別れの挨拶をしている。これには多くの道友もおどろいた。多くの人が彼の帰国に反対した。四十にして惑わずという孔子の言葉から、幽学は何に惑ったのだろうか。たしかに彼の心には貧しい村を救済するには、性学の講義だけでは実現できないことを知っていた。彼は実践的な面から困窮した農村を立て直したかった。彼はいくら性学を説いても、飢饉で苦しむ人を救えなかった。仏の道や儒学や神道や石門心学を述べても飢饉で苦しむ貧しい房総の農民を助けることはできない。性学の教えのみでは人々の生活は豊かにならない。飢饉で飢えに苦しむ人々を救済するには農業を根本的に変える必要があることを現地で見てきた。幽学は高野山の麓で経験した優れた農業技術の教えを北総の農村に応用することで豊かになることを信じていた。農民に性学を教えることに成功したため、彼の北総におけるつぎの行動は新しい農業改革を農村で実現することである。越川は幽学の上方帰国のねらいは「門人たちに新たな覚悟を求める意図があったのではないかと思われる」とみている。おそらく幽学が人々の決意を確かめるためにとった戦術であろう。彼は多くの人から帰国を反対させることを見越していたのであろう。

■道友の一致団結

道友は幽学の行動におどろいた。性学の門人達にとっては、まさに明日への光を失うような衝撃を受けた。この年の八月二日に北総の高弟が飯沼村の椎名宅に集まり、師を交えて性学幹部会を開いた。会合には幽学の六人の高弟と一宮から幽学が参加した。この会合には幽学と深い関係をもつ遠藤と宇井、南陽、本多などが出席した。この会合では幽学が去ったあとの性学の進め方について議論された。この会合では連中誓約という約束事を決めることにした。皆の意見を聞いて彼は「性学趣意」という書物を書くことにした。このため、帰国を延期することにした。「性学趣意」は後に著した「微味幽玄考」とともに幽学の思考をまとめたものである。

■連中誓約の作成

同じ年の十月に北総の主だった門人九十二名が連署してつぎのような「連中誓約」を作成した。道友はつぎのような制約をかたく守ることを誓約し、幽学がこの地に住むことをお願いした。まさに幽学の狙いどおりの計画であったようだ。

連中誓約

1．博奕　　1．不義密通　　1．賭博勝負

1．職種二重　　1．女郎買　　1．強欲

1．謀計　　　1．大酒　　　1．訴訟八頭
1．狂言、あるいは手躍、浄瑠璃、長唄、三味線のたぐい、人の心の浮かる所作

右に書いたことはもちろんのこと、このほかに怪力乱神、また分に応ぜぬ儀、並びに奢りがましき儀、あるいは危き商い、また危うい身の行いをするときは、子孫が滅亡するようなことをあじわうことになる。これらのことを篤と承知したうえは、上にあげたこと、無道のおこないは一切おこなわないことを誓約した。

この誓約書からも門人の決意がうかがえる。もはや幽学無くしては北総の復興はなりたたなくなっていた。この連中誓約は江戸に滞在していた幽学のもとに届けられた。この誓約の完成のあと一二月に、幽学は長部村の遠藤本蔵（良左衛門）の宅を訪問し、ここで年を越した。

■長部村で永住の決意を固める

天保八年（四十一才）

この年も全国で飢饉にともなう一揆や打ちこわしが起きていた。江戸ではお救い小屋をもうけて飢えた人の救済をした。幽学はたびたび江戸にでている。彼が江戸に滞在した二月のとき「上野に参拝したとき、天保七年の飢饉で江戸でも二千人が亡くなった」と日記に書いている。さらに、米の値段が高騰してその値段も書きのこしている。十日前には大阪では大塩平八郎の乱がおきた。この年も飢饉の影響が大きく残っていた。天保の飢饉の影響で疫病がはやり多くの人が亡くなっていた。幽学はこのような悲惨な状態を見過ごして上方に帰ることなどは不可能であった。北総の村は飢饉の影響で危機的な状況にたたされていた。彼は春から夏にかけて一宮、東金、松崎、屋形などの九十九里浜の

南部を歩いた。すでに別れの挨拶をしてきたために気まずい思いをしたのであろう。彼が泊まったのは寺や網元や富農の家であった。このとき長部村の名主である遠藤本蔵は困窮した村を救うことができるのは幽学しかいないとみていた。

■幽学への期待

八月十七日に運命の事件がおこった。彼の書いた「口まめ草」にはそのときのことが書かれている。「時に八月になって、長部村本蔵（遠藤本蔵のこと）の使いとして、儀七・清吉の二人が馬をひいて迎えにきた。僕は一度、別れの挨拶をしてきたことを述べたが聞き入れてくれなかった。ただ涙にむせぶのみであった。しかたなく言われるままに同道して、本蔵（遠藤本蔵のこと）の子の家に着いた。するとほうぼうから友人が集まり、僕を誘ってくれた。しかたなくついて行き、ついには北総の友人の家をすべて訪ねることになった」。北総の友人にむかえられた幽学は上方に帰ることはできなくなった。彼はこの北総の地で命を捨てる覚悟を決めた。本蔵の父である遠藤伊兵衛は名主であり村一番の大地主でもあった。このようにして幽学は八月に長部村の遠藤家に滞在した。十八才からはじまった二十四年の漂泊の旅は終わった。定住の地をえた幽学は村と人々の救済に動き出した。本格的な農業改革と性学の講義に動き出した。この年は長部村、十日市場、諸徳寺村を本拠にして北総での講義をすすめた。図5は幽学の自宅で、遠藤家の敷地内に建てられたものである。このように幽学が漂泊の旅をやめ、さ

図5　幽学の住居跡

いごに定住したのが天保八年（四十一才）のとき現在の千葉県旭市の長部村（干潟町長部）である。先にあげたように名主の遠藤伊兵衛の息子の本蔵の教育を依頼されことがきってかけであった。それは天保六年（三九才）のときからはじまる。息子の遠藤本蔵が幽学に入門したのは二十六歳のときである。父の伊兵衛は幽学の教えに感銘をうけて親子で入門した。名主の遠藤伊兵衛は幽学に息子の教育だけでなく村民の教育をお願いして村全体の立てなおしを考えていた。それが実現できるような条件になった。後に彼は性学のような言葉での講義でなく、実践をともなう村の復興にむけて大改革をはじめた。彼が幕府や藩の力でなく、個人で村全体を根本から立て直した。このような規模の大きなことができたのは名主の林伊兵衛と名主の遠藤親子の力によるものである。浪人の幽学ひとりでは後の村の復興はできなかった。幽学は房総の地で後世に残る農村改革をした。彼は長部村に住みつき、生涯をこの地で人々のために生きることを決めた。松尾寺の堤宗和尚の願いをこの地で実現することを決めた。図6は大原幽学の肖像である（大原幽学記念館）。

図6　大原幽学の肖像（大原幽学記念館）

■精神革命を起こした大原幽学

天保九年（四十二才）

天保九年のとき彼はこれまでいだいてきた新しい計画案の実現にむけて動きだした。この年も北総の村々をまわり性学を説いた。これまで長い間、彼の生活費をささえてきた易学と人相の伝授をやめた。もはや漂泊の旅に出ることもなくなり、ここで人々のために全力で命をささげて働く決意をした。講義は「性学」という名前にし、門人は八十九人になった。彼はこれまで思い描いていた農民が互いに助け合う先祖株組合の制度の実現にむけて行動を開始した。また困窮した農村をたてなおすための新しい農業技術も説いた。自分の考えをまとめるために「微味幽玄考」を書き始めた。幽学は困窮した北総の地を復興させるために本格的に動きだした。この年には大きく二つのことをした。

（1）子供の教育としての修学旅行

幽学は子供の教育を大切にした。後に、思いもつかない独創的な子供の教育法を考えだして実践した。この年の二月には北総の門人の十二才から十七才の子供十人を連れて鹿島神宮、香取神宮、成田山を参拝する九日間の旅に出た。現在の修学旅行である。彼は漂泊の人生で旅の大切さを知っていた。早い時期に子供どおしが親元を離れて旅をし、神や仏への祈りの大切さを知ることを体験により教えた。また、生まれた場所とは異なる風土や人情を学ばせた。門人の中で模範的な家庭に宿泊した。他人の家に泊まり、その家風を学び、朝起きてから朝食をとり、夕食をとるまでの家のしきたり、あいさつ、作法などを実地に学ばせた。

（2）先祖株組合の結成

天保の飢饉で関東や東北地方ではおおぜいの人が飢え死にした。房総の村でも食糧もなくなり、人びとは明日の生活もわからない状況に追い込まれていた。このとき幽学は当時の人では思いもつかない現在のシステムという思考を描いていた。彼は苦しむ人々を救うには、田畑、農家、田植、稲刈り、畔、堰、溜池、田植、米俵、年貢、倉庫など、農村をとりまくこれらすべてからなる「農村システム」を変革することが必要とみなした。これら農村をとりまく要素に科学的管理法を採用すると村全体が豊かになること確信していた。このためにはすべての人々が協力して手を組まなければならないことがわかっていた。このようにして現在でいうシステムという考えを農村に導入することを計画した。後に彼の描いた「金融システム」である「先祖株組合」は現在の農業協同組合の基礎となった。彼は北総の村や町で性学の講義をしながら廻っていった。このとき、彼は困窮した農村のために世界で最初に先祖株組合の発想を村人に説得して歩き回った。これは農民が組合をつくり、参加した者が助け合い、協同で生活を豊にするというものである。幽学はこの年の最初から農村を歩き回って人々に先祖株組合について説いて回った。そして、この年の九月二十三日には長部村に世界で最初の先祖株組合が結成された。彼はどこからこのような考えがでたのか、その特色について後の章でくわしく述べていく。

■後の幽学の動き

後に幽学のおこなった独創的な農村改革は困窮した農村をよみがえさせた。彼は関西の優れた農業を見ていたため、関東の農業の遅れがよくわかっていた。彼が農村でおこなった改革は農業の生産性を向上させ、困窮した農村を復興させた。ただやみくもに体を動かして働くのでなく、能率という考えを農業にとりいれた。生活や仕事の中でムダをなくして能率よく作業をする方法と生産性を高める方法を人々に教えた。そして、この当時、誰も考えられなかった農村全体をシステムとみなして、農村の大改革をおこなった。農村を改革するには働く農民に性学の教えを説いて精神的な改革を起こすことから始めた。幽学は後にこの困窮した村を建てなおし、破産していた家を復興させた。そして、人々の生活に豊かさをとりもどし、明るい家庭がつぎつぎに生まれていった。彼のおこなった改革は人々の心の中にまで大きな変革をきたした。

第五章　稲作と日本人

■日本人は縄文人

これから幽学のおこなった日本の伝統ある農業の世界に入り話をすすめていく。その前に我々が学校や教科書で教えられた日本文化の原点としての農業の知識が根本的に間違いであることを明らかにする。その理由は考古学の多くの成果や炭素１４年代測定技術それにＤＮＡ技術の進歩があげられる。つぎつぎに発掘される人骨・古墳・稲・建築物などから従来の考えが根本的に間違いであることが明らかになった。多くの文系の古い思考をもつ歴史学者や小説家、教育者、マスコミの人は「日本では紀元前五―四世紀に大陸の流民や難民が北九州に上陸して本格的な水田稲作を始めた」そして「渡来人の人口が増えて日本人になった」と永年にわたり間違った情報を流してきた（池橋宏「稲作渡来人」山本七平「日本人はないか上」）。ところが、これが嘘であることが最近の科学的な研究から明らかになった。日本人がもつＤＮＡのＹ染色体は韓国・中国人とは別の人種であることも明らかになった（篠田謙一「日本人になった祖先たち」）。あとで説明するが縄文時代には逆に日本から大勢の縄文人が朝鮮半島にわたって生活をしていた。また、昔からよく朝鮮半島や大陸から渡来人が大勢、日本に来て稲作を伝えたと信じられてきた。しかし、この説も間違いであることが人間や稲のＤＮＡ解析、それに古墳や遺跡の発掘調査と較正炭素14年代測定やコンピュータ解析などからつぎつぎに明らかになった（片岡宏二「弥生時代渡来人と土器・青銅器」）。半島や大陸から日本に来た渡来人とは「年に二から三世帯、パラパラとやって来た」のみであった。縄文時代に半島や大陸から大勢の渡来人がきたという証拠は何もないことも明らかになっている。たとえば日本では一万カ所の旧石器遺跡が発見されているが、朝鮮半島からはわずか五〇ケ所である。一九九八年の調査で青森県の大平山元（おおだいやまもと）遺跡から一万六千年前の土器が出土した。これまで世界最古の土器は八千年前のエジプトやメソポタニアであると知られていたが、これよりも古くなっている。同時に出土した石鏃は世界でもっとも古い弓矢を使用していた（大平山元ホームページ）。九千五百年前に鹿児島の上野原遺跡では世界の四大文明よりも古い七千五百年前に弥生時代のような作りの洗練された土器がでている（研究紀要・縄文の森、鹿児島埋蔵文化センターホームページ）。縄文時代の人々は中国よりも古く、世界で最先端の技術をもって農業や漁業で生活をしていた。また、木造建築でも富山県の桜町遺跡から出土した高床式建物は一万二千年前から弥生時代までのものであり、精巧な木組み建築であった。これまで高床式建物は稲作とともに渡来人がもたらしたことも誤りであることが明らかになった（富山県小矢部桜町遺跡ホームページ、長浜浩明「日本人のルーツの謎を解く」）。

■DNAが異なる朝鮮人と日本人

これまで信じられていた、弥生時代には多くの渡来人の人口が爆発的に増えたとする学説は間違いであることも明らかになった。朝鮮半島は約四〇〇〇年前に住み着いた新石器時代の人間がはじまりである（金両基監修「韓国の歴史」）。しかし、日本では一万六千年前に世界で最古の縄文土器が作られていた。一万年から一万三千年前には南九州には集落があらわれている。そこには縄文人が住み着いていた。炭素14年代測定により日本の縄文土器を測定すると一万六千年前になることが明らかになっている。これまでは考古学のみの知識で日本人を判断してきた。このため「日本人とは朝鮮半島からやってきた渡来人を主とし、縄文人を従とする混血である」という間違いを信じてきた。朝鮮人や中国人と日本人は同じような顔をしているが、DNA解析ではY染色体は全然別物であることも明らかになった。韓国人は中国人やモンゴル人のDNAと同じで現在の日本人とは全然別の人種になっている（NHK「わかってきた縄文人のDNA」2015.29）。現在の日本人の祖先は縄文人である。日本人の祖先は一万二千年から一三千数百年まで続いた日本列島の主人公であった。現在の日本人のルーツは縄文時代からの人である。渡来人が大量に来たり、爆発的に増えて日本人になったということはありえないことも明らかになっている。この縄文人が紀元前五千年ごろに日本から朝鮮半島に移住していった。朝鮮の三国史記（新羅本紀）には半島南部に倭人が侵攻して住んでいたことが書き遺されている。五世紀に建てられた高句麗の広開土王（好太王）の碑には任那には縄文人が住んでいたことが記録されている（徐建新：中国社会科学院）。文献のみを読み現地調査をしていない一部の学者による間違った広開土王の研究は中国の社会科学院によりその誤りが明らかになった。文献では「日本書記」や「宋書」「南斉書」「梁書」には倭人が朝鮮半島に大きな勢力を持って国を支配していたことが記録されている（佐藤洋二郎）。その後、任那は滅び半島には高句麗、百済、新羅の三国がたがいに競い合った。百済は倭国の半島の出先で多くの倭人が住んでいた。しかし、六百六十年に唐と新羅の連合軍に滅ぼされた。倭国は百済滅亡の後の六百六十一年に斉明天皇が百済復興を救援するために軍隊を派遣した。倭国と百済の連合軍は各地で戦ったが、六六三年白村江の海戦で唐・新羅の連合軍に敗北した。これによって半島にいた一部の百済人と倭国の兵士は日本の本国に引き上げた。その他のおおぜいの百済人は渤海やその周辺の国に逃れた。これによって百済の国と民族は消滅した。半島の倭人はいなくなった。帰国した百済人である倭人は関西と関東の地に住み着き、かれらの故郷である高麗という地名を残している。日本は唐からの反撃におびえ対馬・壱岐と九州の筑紫に狼煙台と城を築き防人をおいて防衛にあたった。日本という国の始まりである。

■朝鮮よりも古い日本農業と稲作

縄文時代の人々はドングリ、栗、トチの実、果実、野菜、魚や貝をとって食べていた。ところが縄文時代に日本では陸稲が約六千年前に栽培されていた。いわゆる熱帯ジャポニカ（陸稲）が畑で栽培された、現在では「オカボ」と呼ばれる稲が中心であった。陸稲（オカボ）は熱帯アジアの島々や山岳地帯で栽培されていた。この稲は古い時代に南方から島（インドネシア、フイリッピン、台湾）伝いに伝わって来た。寒冷の地である朝鮮半島の陸稲は紀元前千年で、いまから約三千年前に畑作物として栽培され始めている。このため、日本の方が朝鮮半島よりも約三千年も陸稲の栽培は古い。水田稲作の開始は紀元前一〇世紀にまでさかのぼることが明らかになっている（国立歴史民俗博物館・ウエブ）。九州の菜畑遺跡から日本では紀元前一〇世紀にすでに灌漑式の水田稲作が行われていた。このため、日本では三千年前から水稲がはじまっている。アジアの温帯ジャポニカである水稲の稲は七千年前に揚子江の中流・下流域で栽培されていた。これを縄文人がなんらかの方法でわずかであるが日本に持ち込んで栽培した。ＤＮＡ解析で水稲は大集団では来ていないことも明らかになっている。弥生時代になって水稲栽培をしたが、同時に縄文の米である熱帯ジャポニカが縄文人により栽培されていた。すなわち、縄文人は水稲と陸稲を平行栽培していた。私の住んでいる鎌倉でも農家によっては昭和三十年までは陸稲と水稲を並行して栽培していた。仮に渡来人が来たのならば温帯ジャポニカをもちいた水田稲作がはじまるがそうはならなかった。日本の米はコメの遺伝子分析から朝鮮半島から来た可能性はないこともわかっている。

■縄文人が栽培した陸稲と水稲

このように日本では六千年にわたり陸稲が、また三千年にわたる水稲が同時並行して栽培され、独自の縄文土器や木造建築を残した世界でも類のない歴史をもつ島国である。縄文人による一万年以上にわたる農業の歴史は江戸時代から現在まで引き継がれている。同じ島国に住みついた縄文人は祖先から教えられてきたことを次の世代に伝えて、知識を集積していった。池橋は稲作技術は複雑なために縄文人では受容は困難であるとみている（池橋）。そして、日本の稲作は紀元前三千年前としている。しかし、二〇〇三年の国立歴史民俗博物館の研究によると弥生時代は紀元前八百年前後としている（国立民族博物館）。日本では「九州北部から遅くとも紀元前九百四十五～九百十五年年ごろにはじまっていた灌漑式水田稲作が五十年以内に環濠集落を実現させ、遅くとも百五十年以内に土佐まで灌漑式水田稲作がまたたくまに伝わっている」（「弥生時代の実年代」炭素１４年代と日本考古学）。これが可能になったのは陸稲栽培の長い経験によるものである。日本の曲り田遺跡から出た鉄器は縄文時代の晩期で紀元前三～四世紀であった。中国の鉄器時代のはじまりである戦国時代よりも古くなる。データ測定のバラツキはあるが今後の研究が楽しみである。

第六章　江戸時代をどう読むか

■江戸時代は暗黒の時代か？

　徳川時代をどうみるかについて二つの異なった見方がある。これまで教科書で教えていたのは封建社会の中で生きる庶民は「民衆」とみなし、身動きのとれない身分制度で暗黒の時代を生きてきたという見方である（佐々木潤之介「日本民衆の歴史、5，6」、「日本社会文化史」）。さらに、「世界に類例をみない強固な封建幕藩制国家であったとし、主従制にもとづく封建的土地所有関係を基軸に構成される農奴国家がつくられた」（佐々木潤之介「東アジア世界と幕藩制」）という見方である。戦後の日本の思想界を支配したマルクスの思想を根底においた考えである。学校で教えている日本史の内容はマルキシズムの歴史観による暗黒の江戸時代である。一方、この歴史観に批判的な田中は、このよう歴史観をよりわかりやすく「江戸時代は封建支配者が暴力的・強制的、あるいは経済外的な強制によって、無権利の人民に対して法と制度を押しつけ、庶民はその暴政のもと、悪法に苦しみ、ときには法に反抗しながら二百七十年をすごしてきた」と述べている（田中圭一「百姓の江戸時代」）。いわゆる江戸時代暗黒史である。われわれは学校やテレビや新聞で江戸時代をこのように教えられてきた。ところが江戸時代の真実の百姓はこれとは全然、別の世界に生きていたという見方がある。マルキシズムの歴史観に批判的な田中はこの時代の百姓のことを「庶民は力を合わせて耕地をひらき、広い屋敷と家をもち、社を建て、大きな寺院を建てている。百姓の子弟の多くは字を読み、書き、計算ができた。百姓は伊勢参りや諸国を旅した者も多い。婚礼の献立は驚くほど立派である。日ごろの粗食は貧しさだけが理由でない。それは生活の信条なのである。一口に言って、百姓は元気なのである」と述べて、暗黒の江戸時代とは別の見方をしている。まさに農民は農業で生産を支え、いろいろな産業を起業して日本文化を築いた原動力であったと述べている。はたしてどちらの説が正しいのであろうか。それをこれから検証してみよう。

■太閤検地で百姓は土地を所有できた

日本の土地制度においてもっとも重要な改革は豊臣秀吉による太閤検地である。百姓の生まれである豊臣秀吉の検地により百姓も土地を持つことができた。彼は百姓の苦労を体験して知っていた。その検地も緩やかな測量で百姓にゆとりをもたせた。太閤検地で江戸時代、百姓は自らの所有地で田畑を耕して生きてきた。秀吉の太閤検地により百姓に土地の所有を認めたことから歴史は大きく変わってきた。検地により土地は検地帳に記録された。これにより荘園制度は終わり公に百姓の土地の所有権が認められた。戦国武士の私有した土地から一時的に預かる制度にした、いわゆる公地公民になった。一つの土地に一人の耕作者のみを認めることになった。ここに奈良時代から始まっていた荘園制度は終わりを告げた。太閤検地は律令体制における班田収受制の施行、明治維新における地租改正、敗戦後の農地改革とならんで日本歴史上の四大土地制度の改革であった（安良城盛昭「太閤検地と石高制」）。百姓の出である豊臣秀吉こそが封建制度を解体し中央集権制度を始めた先駆者であった。その太閤検地を推進した中心人物が石田三成であった。彼こそ、この改革の理解者であり、その推進の中心人物であった。しかし、関ヶ原の戦いで石田三成の西軍に対抗して東軍についた同じ豊臣恩顧の多くの武将は秀吉の改革の目的と内容が理解できていなかった。彼らは三成のような官僚の立場から土地の改革をすすめることを理解できない、昔ながらの封建的な武将たちであった。しかし、太閤検地の結果はそのまま残こり、明治維新へと進んだ。

■農民も抜擢されて幕臣の身分に

太閤検地で支配者である武士と支配される農民や町人の間には主従関係は存在しなくなった。士農工商という身分制度も固定したものでない。農民が武士になり、百姓が土地を耕しながら店を開いていた。優秀な農民は幕府の中枢にまで登ることも可能であった。江戸時代が暗黒の歴史では関東の農地を開拓した紀州の農民の井澤弥惣兵衛為永はでてこない。彼は農家の長男として紀州（和歌山県）で生まれている。一介の農民が徳川吉宗に登用され享保十六年（一七三一年）に幕府の中で勘定吟味役という最高の地位についている。そして、関東平野で後世に残る大規模な干拓、新田開発をした農民であり土木技術者であった。同じころ酒匂川の洪水を止めるために働いた農民出身の田中丘隅は川崎宿の本陣の名主・問屋を兼務していた。自らの経験に基づき民政の意見書『民間省要』を書いて将軍吉宗に認められ、河川管理の責任者「川除御普請御用」に登用された。その娘婿で治水技術に優れた蓑笠之助がいる。酒匂川西堤御普請と荒地開発を命じられ三角土手と呼ばれている難工事を完成させた。彼は単なる技術者でなく「農家実行」という書物をあらわして農業を大きな視点からみている。尊徳も両親を亡くした貧しい農民の子供であったが、最後は幕閣にとりたてられている。幕末の志士、坂本龍馬の坂本家も裕福な商家で、本家は質屋、酒造業、呉服商を営んでいた。彼は土佐の郷士という武士でもあった。しかし、土佐藩では長宗我部の土着の武士と家康が送り込んだ山之内家の新しい武士との対立は別の意味をもっている。

■農民は助け合いながら生きてきた

科学的管理法を世界で最初に開発した紀州藩の大畑才蔵は農民の身分から普請手代に抜擢され勘定人並という最高の地位になっている。彼は科学的管理法のパイオニアであり測量と土木技術に天才的な能力をもっていた。徳川時代は技術者が優遇された時代であった。現在のような現場や技術を知らない文系法学部の官僚が支配している時代とは異なっていた。二宮尊徳は二十四歳で伊勢参りの途中に大坂、京都、四国、高野山と視察旅行を二回している。百姓といえでも見聞を広めていた。尊徳はあれだけ貧乏な生活の中で俳句を学び、貯金をして困った人を助けている。荒れ果てた尊徳の家を再建したときは若者にごちそうや酒を振るまい、お祝いをしている。さらに、尊徳のような貧農の農民が小田原藩の藩主からその才能を認められ表彰されている。そして、藩主自から百姓の尊徳に藩の財政再建を依頼されている。後年の尊徳は天保十三年には幕府御普請役格という幕臣に任命されている。両刀をさした尊徳の英姿が描かれている。このようなことは暗黒の江戸時代史観では考えられない。大原幽学が房総の地で困窮した村を復興したとき、それを支えた林伊兵衛は農業のかたわら酒造業や漁業も兼業した裕福な農家であった。彼は幽学の計画を実行するために全財産をなげうって困窮した農村の全面改造を支援した。名主の遠藤家も同じように豊かであったため幽学をささえて農民を救済している。このように遅れた関東地方でも農民が漁業をし、酒を造り、魚で肥料を生産して販売している。農民は才能があると自由に動き回って収入を得る方法を考え出して実行していた。

■力をつけた農民は商人になり自由に働き活躍した

江戸時代の主役は百姓である。当時の農民の中から醸造業者、造酒業者や漁業経営や織物業者が生まれている。農民は田畑を耕しながら他の仕事にも従事できた。農民から身を立てた近江商人や伊勢商人がいる。彼らは天秤棒に荷物をかつぎ全国に商いをしてきた。近江商人は「陰徳善事」という教えを信じ、人に知られないように善行を施すことで陽徳に転じることを信条にした。商売のかたわらで社会貢献をし、多くの財をなした。大阪の豪商の財力は大名以上であった。大坂の淀屋は海運業や貿易もおこなったが全国の米の流通五〇〇万石のうち四〇%は淀屋を通じて全国に流通した。淀屋は米の流通の手形を用いた。これが堂島の米取引所になっている。ものすごい財力であった。同じ大阪の鴻池善衛門の力のすごさは「鴻善ひとたび怒れば天下の諸侯色を失う」とまで商人の力は強かった。いまも各地方や畿内に残る江戸時代の商家の豪邸をみるとその経済力の強さに驚く。これらの豪商が単独で存在したのではない。それを支える多くの大名や商家や農民が存在していたことである。江戸時代に日本が世界に誇れる経済活動は個別企業の存在がある。幽学を全面的に援助した遠藤家もまさに江戸時代が生んだ偉大な農民である。

■身分制度の崩壊

大名は検地により農民の土地の所有権を認めた。そして、江戸時代以前の農民のように名主（みょうしゅ）の支配にもとに、名主の田畑を耕すことから解放された。そして、農民はつぎつぎに新田の開発をした。江戸時代のはじめから検地により身分制度も大きく変わっていった。村の代官と農民の間にあった身分制度も検地により崩れてきた。とくに正徳三年（一七一三）に名主の世襲を禁じる法令がだされた。これにより中世から引き継がれてきた名主の世襲はなくなった。そして、名主は村人により選ばれるようになった。名主は村の代表者になってきた。村人が名主の給与を出すようになった地域もあったという。さらに、江戸時代の中期には地位（百姓身分）が金で買えた。集落は名主の家を中心にして名子の家があり、周辺の田畑を耕していた。家族制度では村が一つの家族によってなりたっていた。たとえば二宮尊徳のばあい、検地により名子は独立して同じ二宮という名前の家に分かれた。村人は農作業や土木・耕地開拓などの生産単位として動いていた。二宮一族は小田原の栢山村を拠点にして一族が生きていた。栢山村にはその他の一族も生活していた。栢山村は自らの自治で村を運営していた。村の寄り合いで村掟を定めていた。彼らの身分は平等であった。身分制度は江戸時代に水田の開発とともになくなっていった。江戸時代には武士が商人になったり、百姓が武士になっている。身分制度は固定したものでなくなっていた。幕末になるとそれが顕著にでている。坂本竜馬の両親も土佐の郷士の株を買っている。江戸時代には生活苦から身分を金で売っていた武士もいた。

（1）慶安御触書：幕府は慶安御触書を出して百姓に贅沢を禁じている。しかし、これはあくまでも御触書きで厳しい罰則などはなかった。さらに、田畑永代売買の禁止があり庶民の生活を質素にするように指示をだしている。しかし、困窮した農民は年貢を納められないと夜逃げなどをして生き延び、村々の人口は激減していた。

（2）忍藩での武士と町人の関係：江戸時代には武士階級、町人、僧侶などの身分を乗り越えた交流が日常の生活のなかに頻繁におこなわれていた記録が残っている（大岡敏昭「武士の絵日記」）。忍藩（埼玉県行田市）十万石の下級武士である尾崎石城は上級武士・中級武士・町人・僧侶・婦人などと身分制度にかかわりなく身近な交流をしていたことを絵日記に残している。中級や下級武士が台所に入って料理をしたり、料亭で町人や僧侶を交えて宴席をもうけたり、座敷では料亭の女将もその娘も武士も同等の立場で出席している。下級武士の石城は塾を開いて子供に読み書きを教え、寺の掃除を手伝い、食事会では婦人や子供も同席し身分や年齢・性別に関係なく自由に生きていた。

（3）烏山藩での身分をこえた開墾作業：二宮尊徳の支援した烏山藩の救済では困窮した藩の財政の立て直しで身分を越えて荒地の開墾作業をしている。武士や一家の隠居までも時間のあるときは四十八カ村に出向いて農民と共同で開墾作業をしていた。武士が農民とともに鋤や鍬を手にして荒れ地の開発に従事した。驚くことに、武士が自分の支配地でもない土地を農民のために開墾作業をしていたことである。この開墾作業は藩をあげて取り組んでいた。二宮康祐は「近世後期社会を支配・被支配の対立の構図でのみ捉える階級論理で分析できるのだろうか」とこれまで言われてきたマルクス階級史観に疑問を示している（二宮康祐「二宮金次郎正伝」）。

■農民は自由に働いた

田中によると、佐渡の国の御条目には私生活を質素にするような道徳項目が書かれている。そこには最低限の生活水準を維持するために百姓が守るべき道徳項目が書かれていた。酒は飲むな、うどん、まんじゅう、そうめん、とうふは五穀の無駄になるから止めることを指示している。しかし、この指示を百姓が守るかどうかは個人の判断にまかされることになる。あの貧しい二宮尊徳の日記の万覚帳には何度も豆腐を食べ、好きなまんじゅうを購入したことが記録されている。百姓は自由に動いて独自の生活を切り開いた。近江商人は琵琶湖周辺の近江八幡の農家の人たちが天秤棒を片手に全国を商売で歩きまわっていた。飯沼氏は「近世（江戸時代）の村の機能はただ「藩の手先」として重税と収奪の面のみ働いたという従前考えは正しくない」と指摘している（飯沼二郎「近世農書に学ぶ」）。そして、村のことは村でという、村共同体の自治組織で運営されていた。これは三河・遠州のことであるが、多くの地区でも同様であったのだろう。近世の村々には一種の自治機能が生じて、村人の生活を支え、暮らしを守った。そして、「村寄り合い」という村の集会で協議し決定するという慣例ができた。村役人の選出も世襲を残しながらも、村の寄合での推薦や選挙で決めた。祭りや警備や山林の管理などの管理も農民の管理のもとに行われた。われわれが教科書で教えられたマルキシズムによる歴史観が根本的に誤りあることは以上の説明からでも明らかである。しかし、村社会で生きてきた日本人には西欧で発達した公や社会意識という考えが生まれなかった。いわゆる社会人としての訓練がなされなかった。西欧では社会人としての訓練がいき届いているため体質のなかに潜在意識の中に社会観が生きている。日本人には国家や社会があって個人が生かされているという社会観が今も生まれていない。敗戦で間違った民主主義を信じてきた。このため、公や社会の考えがいまだに芽生えていない。現場の事情をみず、机の上からしかモノが見えない一部の新聞記者やマスコミ人や小説家はでたらめな記事や小説を書いて日本という国を陥れている。

第七章　大原幽学が教え指導したこと

天保十年（四十三才）以降のこと

■動き出した幽学

この年の一月に上総と下総の二十二人の門人とともに房州を見物して百子港から船に乗り浦賀港についた。これは幽学が房総の地にさいしょに足を踏み入れた浦賀から百子港とは逆のルートである。

幽学はこの九年間に起きたいろいろなことを思い出していた。年齢的にはもはや遊歴できないことを知り、房総の地で生涯を終える決意をした。浦賀港に着いた一行は金沢八景をみて鎌倉、江の島を参拝して江戸に行った。江戸の見物のあとに帰村した。五月には同じ二二人で一カ月かけて日光を参拝した。この年も関東地方は飢饉に見まわれていた。彼ら一行はこの飢饉の混乱したなかで村や町を歩いてきた。幽学の歩いた下野地方は飢饉への対応に追われていた。幽学が歩いていた同じころ二宮尊徳は桜町や烏山藩の救済で忙しかった。この年も北総の地を性学の講義をしてまわった。ところが九月には印旛郡の長沼組性学が邪宗の疑いがあると大森役所から解散の命令を受けた。責任者の本多元俊は幽学にとり、遠藤良左衛門とともに最高の弟子であった。幽学は本多元俊あてにつぎのような手紙を書いて性学の内容を説明している。その内容は「性学は邪宗にまぎらわしいとおたずねのようです。性学においては父母を安堵させることを願い、家内が仲良くし、子々孫々まで家名を残し、分相応の礼をたてること。宗旨、宗門にかかわることは一言も教えないこと。また怪説にまどわず、また家相や祈祷または種々の奇談に迷い、これを信心することをいましている。また愚痴を述べ、神仏を信じないことでは望みは実現しない。神を祭るのは国の基本で、天照大神を信心し、その国の一ノ宮、産神や、その職業の祖神を信心すべきである。また、法華宗ならば妙法を、浄土真宗の者ならば阿弥陀を信心すべきである」。これは幽学が書いた内容の一部であるが、長い文章の中で性学の正統性を述べている。幽学を訴えた人は、村人がまじめになり博奕や女郎買いをしなくなったためである。博奕や女郎屋で商売をしていた人が生活に困り、裏で訴えたものである。同じことが後にも起きている。しかし、領主も幽学の教えの意味を理解した。他のすべての村では領主は性学の教えは風俗をよくしており、村の老若男女に聞かすべきであると仰せ渡された。幽学はこの後で本格的な活動をはじめている。天保十一年に伊兵衛は長部村の自宅の書院を裏山に移築して、幽学のための講義の会場を作った。さらに増えてくる門人のために天保十三年（四十六歳）に伊兵衛は幽学のために住宅をかねた教導所を新築した。幽学は広い教室が確保でき、これで教育をする環境はととのった。

■大原幽学の教え

困窮した農村を復興させるには、何のために復興をするのかその「目的」を明らかにしなければならない。つぎに、その目的を実現するための「手段」を決めなければならない。幽学は困窮した農村を復興する「目的」は農業の生産性を高めて困窮した農村を復興させることであり、性学を教えて人々が精神的に豊かになるという、二つの目的をもっていた。彼は目的について「道をおこない徳を積むといえども農業を忘れてはならない。衣食住を整わないで何で道徳をおこなうことができようか」と農業の生産性向上が第一であり、道徳はその後に続くとみている。そして、「目的」は両者の両立こそがすべてであると考えていた。彼はこの目的を実現するための手段として、一番目は大畑才蔵の開発した科学的管理法を農業に用いて、能率的な農業をして生産性を高めることであり、二番目は性学による人間として生きる道を教え、「型」による教育を指導することである。彼が長部村で定住するまでは農民に性学の教えのみを説いてきた。それはあくまでも「手段」になる。人々の心に油断なくまじめに働き、慈善の心をもち人々のために働き、天下の理を知り、天命を知ることを教えて、人びとが精神的に豊かになるためである。図1は「目的」とそれを実現するための「手段」をまとめたものである。幽学の「目的」は農業の生産性を高め、人びとが精神的にも物資的にも豊かになることである。

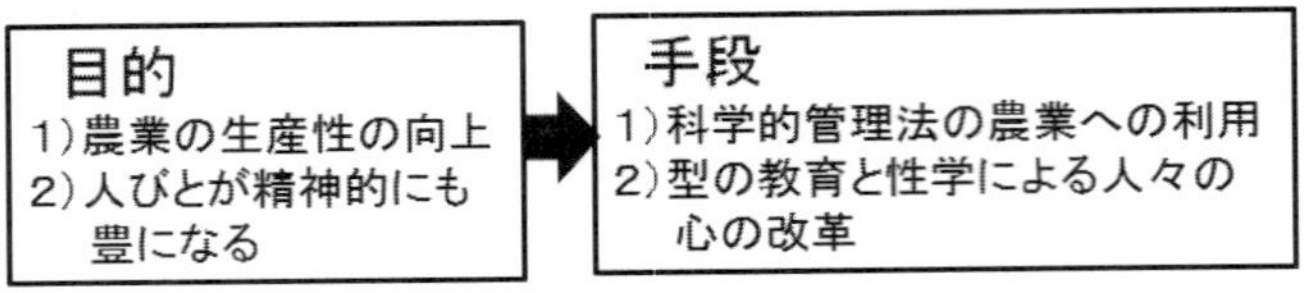
目的
1）農業の生産性の向上
2）人びとが精神的にも豊になる
手段
1）科学的管理法の農業への利用
2）型の教育と性学による人々の心の改革

図1　目的と手段の関係

これを実現するための「手段」として、農業に科学的管理法を採用することであり、「性学」と「型」を用いた教育で人々の心を改革することを示している。目的にはかならず手段がともなう。同じように二宮尊徳も言葉のみを述べて現場で実践しない道徳は信用しなかった。尊徳は「それわが教えは書籍を尊ばない」と述べている。尊徳にとっては拝すべき聖書も経典も存在しなかった。言葉で慰めてもその日の飢える人々を救済できないことを教えた。幽学も尊徳も書物でなく田畑を能率的に耕し生産性をあげることのみで人々を豊かにできることを実践で示した。彼らは同じことを農業において実践した。幽学は自分で書いた「性学趣意」の本のなかで「徂徠、伊藤などの大先生が何を言おうと関係はない。大切なのは君臣、親子・夫婦・兄弟・朋友の交わりである」と述べ、古い儒学に批判的であった。幽学は実践を重んじていたため、陽明学者の中江藤樹を評価している。しかし、幽学も尊徳と同じように過去の儒学の本をいくら読んでも人びとの生活は豊かにならないことを教えた。この世の中は聖人の書物をいくら読んでも米や麦や大根はできないことも悟らせた。

■「性学」を学んだ人

彼は武士の生まれであったため、親から儒学を学んだ。さいしょは道徳の根源は儒教であるとみていた。このため、初期のころは儒教により基本を学ぶべきであると教えている。この儒学の上に仏教と神道の教えを加えてその教えを高めなければならないとみていた。また、「一方に偏って他を排斥し、子々孫々までも、道に離れさせることは禁物だ」と一方に偏ってはならないことも教えた。さらに、農民が豊かになるためには、互に助け合い団結しなければならないことを「性学」という教えの中で広めた。幽学は信州や房総の人に教えたのは、家の繁栄は父母を大切にすることである。彼は「孝は徳の本なり」とする昔の教えを農民に説いた。彼は武士であり、幼少期から儒教の教えを絶対の真理と信じてきた。そして、礼を重んじることの大切さを農民に教えた。人々はそれぞれが礼を尽くして「和」を保つことで家や村が繁栄することを教えている。いわゆる団結のための心構えである。「自分だけを中心にして考えて行動することを人欲という。これを人欲の私、すなわち私欲になる。私欲のみを考える人はものを見たり聞いたりしても本質が理解できない。そして、人には道徳心があることもわからない。道徳心がないために人を教え導けない。このため、人びとから信用されなくなる」（性学趣意）と私欲の害をいさめている。幽学の思想は門人のために書いた本の「微味幽玄考」にでている。彼の門人には地位の高い名主・医者・神職などを高弟とみなしていた。彼は農民に教えるために耳で聞いてわかるような教材を作成した。当時の房総地区は文字の読み書きのできない農民も大勢いた。このため、口頭により、読んで聞かせることで教育を広めた。大人から子供まで耳から入る教育をめざしていた。教え諭すには格言や言伝えなどを用いた。

第八章　幽学の教えた性学とは

■最初の書物

彼の思想は「性学趣意」という本の中にでている。何度も書き直して十六年近い歳月をかけて最終的に「微味幽玄考」という題名でまとめた。著作の権威を高めるためには古典や四書五経の教えからいろいろな言葉を引用している。さらに、農村を指導するうちに考えが変わったりして書き加えてきた。中井は幽学の著書について「典拠を古典にもとめつつ俗耳に入りやすく体系的に叙述するだけの学殖と表現力とを幽学が持っていたとは認めにくい」ときびしい指摘をしている。しかしそれは誤解もはなはだしい。彼の思想の根底にあるには高野山で学んだ仏教と空海の教えであり、堤宗から学んだ禅宗であり、熱田神宮の神官や京都で学んだ神道や石門心学などである。さらに、実践で学んだ農業技術や大畑才蔵のはじめた科学的管理法などの技術である。それを思想としてまとめるのは困難である。空海が残した膨大な著書や教えは儒学などとは比較にならない思想と行動の哲学をもっている。幽学の教えは表は幕府の学問である儒学を出しているがその底にはこれらの巨大な思想が根底にあった。空海はインド仏教を学び、密教に関する多くの仏典を読破し、独自の密教を開発した。儒者のように言葉のみで生きる人でなかった。医薬・建築土木・書道や工芸・鉱業・天文学・地質学をあらゆる場所に利用した。土木工事として香川県の満濃池の修築ではアーチ式ダムで補強盛土工法という現在に通じる技術を用いた。唐から井戸掘り技術を導入して全国に広め、大和の益田池の造築、寺院の建設、すべての人が自由に学べるために開いた世界で最初の私学校の綜芸種智院の開設など行動を起こして人々を救済した。幽学の理想とした行動の原点は空海そのものである。

■「性学」と道について

幽学の教えは「性」ということを基本にしている。「天の命（めい）のことを「性」といい、「性」にしたがうことを「道」といい、「道」を修めることを教えという」とのべている。したがって「性」とは人間が修得しなければならない、「道」のことであり、教えであるとしている。幽学は言う「性理学上からみると物の性とは、天地の調和が性であり、性はそのまま天地の和である。このため、両者は同一のものである。各地方および国々は性格や特性が異なるように人々の性質や風俗のちがいがある。しかし、北極性星ばかりみている北方の国も、南極星をみている南方の国も、天地の気が合併して万物を生じるという理屈は同じである。このため、性もおなじである。人間は天地の完全な調和から生まれたものである。人間は万物の霊長であるため、天地の和が世にありとあらゆる万物に影響を及ぼしている。このため、道を養う志がある人こそ人間のなかの人間である」。そして「その道の根本は親子、君主、夫婦、兄弟、朋友のいわゆる五常（仁・義・礼・智・信）を守ることである。四海中の誰にでも区別なく道をもって接する必要がある。つぎつぎに変化していく中で人間の行動には道が存在する。この道は数千年後にも影響をおよぼす」と述べている。まさにこの思想は石門心学と空海の教えを独自に発展させたものである。空海は「秘密曼荼羅十住心論」という著書で人間の精神のさまざまな現象形態は大日如来の絶対智そのものであるという我が国でも類をみない思想書を書いている（渡辺照宏、宮坂宥勝「沙門空海」）。

■幽学が述べた「性学」の内容

幽学の教えた性学について、初めての人にも分かるように解説した書類が残っている。これは彼の教えが邪教であると役人から訴えられたとき、性学とは何であるのかを役所に提出した書類である。彼の教えを現代ふうに書きなおしてみるとつぎのようになる。

「初心者を教えるには、そのものの持つ性質と器量（能力）におうじて、天の調和を意味する性の内容をわかりやすいところから順番に教えている。この結果、心が広くなり正しくなり、私利私欲や有名になりたいという気持ちがなくなる。そして、心がよく修練され、求めなくても自然の助けが受けられる。もし、これに反すると人欲がでて、性としての徳がなくなり、心のもちかたがわたらずに危険な方向に進んでいく。身を持ち崩して、日々に悪を積みかさねることになる。いろいろな禍を受け、困ったことに直面する。このため、本心を改めて良い方向にすすむことである。教えは日夜にわたりおこない、手をとって教え、励まして気持ちをふるいたたせ、親切に教えてきた。文字をしらない子供までも分相応に教えてきた」このように、幽学は代官にわかるように性学は異教でないことを説明している。

■性学の基本とは

幽学の考えは石田梅岩のはじめた石門心学が大きく影響してる。心学では「性」とは人間の本心であるという。宇宙の本源であり、本源は絶対善である。善は宇宙の秩序であり、天然自然の秩序をすべて「善」とみている。本心からみると悪人はいないとみている。性は仏でもある。人間が睡眠中も呼吸が止まらないのは、無自覚のなかに宇宙の秩序である「絶対善」があるからであると教えている。しかし、人間が正しい教えにいたるには厳しい修行によってのみ実現できると述べている。彼は修行のことを性学の稽古とも言っている。心学でも修行を重んじている。彼は高野山で厳しい密教の修行を体験してきた。彼はなにごとも修行なくしては道は習得されないとみていた。道にかなった人間になるには体による訓練をふまえた修行により習得できることを教えた。つぎにあげる内容は性学の基本となる教えを役所に提出した文書の一部である。

一　人間は生まれながらに天地の調和を意味する性（能力や性格）の気質をもっている。その気質である能力や性格は個人により違いはある。また、気質にはそれぞれの人により差がある。この気質の中の濁っているところを清くし、偏った考えを直し、隠れている正しい道を開いて、気質の癖や、個人がもつ欲を洗い流し、愚かな者も間違いをしている者も自分の本性を、天地が調和しているように修行する。これは中庸のお教えにより導くことができる。

二　門人には口先で述べて諭すのでなく、身をもって道を修めて実行し、人を導いている。人を導くのに私意もなく、道から離れないように、たえず門人を子供のように心掛けて目を配り、真実へむかって教えている。門人はその義務を感じ、身の過ちを後悔して改心している。

三　偏よることは危険であることを厳しくさとしており、善いことでも偏ってしまうと道を失うことになる。このため神儒仏の教えにより、この国の神を敬い、聖人の道に学ぶことはもちろんである。しかし、とりとめもなく高遠なことをすると、身の程もしらずに中庸の教えに反することになる。このように偏ることがないように教育をしている。

四　「人心」と「道心」をくわしく分けて教えている。「人心」は形ある私のみの狭い世界であり、過ちを犯す危うい世界である。一方の「道心」は性の徳で天地万物にも通じている。この二つの間にある差をよくわきまえて修行しないと、人心はたちまち人欲になり私欲にはまってしまう。親が泣くことも、子供が困っていてもそのままにしておいて、他人からの忠告も聞き入れないのは心が危険な状態になっている。このようなときは天理に帰るべきである。自分が寒いときは他人も寒いだろう、自分が飢えているときは他人も飢えているだろうと、自分からみて人の心を動かすことで行いもよくなる。

五 教育方針としては、私意をすてて、「質問」することを大切にしている。これまでの聖人は質問を好んだ。愚かな私であるが、わからないことには質問をすることを好んでしてきた。質問をして、仕事の意味を理解してからはじめないと何のためにおこなっているのか分からなくなる。そして愚かになってしまう。私は自分の都合や自分のみのことを考えずに、その人々の能力や性格にしたがって、それぞれの人の心の中にまで入りこんでわかるように指導してきた。

六 誠実に仕事に励むように教えてきた。初心のうちはまだ経験が浅く徳も積もっていない。このため人々から信頼されていない。他人からあざけられることもある。しかし、このようなときでも自分を反省して、心静かにして、耐えることである。弓をならうときは、まず自分の気勢を練って、身体を修行し、鍛錬することと同じである。

七 他人が見たり聞いていないところでも正しく行動すべきである。人が見ているところばかりよくしていると心の底が悪くなる。必ず、他人から気味の悪い人間と思われる。善や悪を隠せば隠すほどそれが表に出てくるものである。内と外の裏表のないような人間になる修行をすることである。

八 人間の平日の心がけは鏡のようなものである。よく善悪のことをきづかず、忘れてしまったという申し訳はぜったいにすべきでない。表のみをかざっても本心はかならずあらわれるものである。

九　自然の動きは移ろいやすい。人々の悪行は一朝一夕には改めるのがむつかしい。万物の動きには時間がかかるように、時間をかけて人を導きくことである。志の善くない者も憐み、時には厳しく怒り責めて教えることもある。しかし、大切なのは仁愛の道を少しも離れてはいけない。

十　小さなことを積み上げて大きくする教えのように、身近な行いをないがしろにしないことである。小さな悪を恐れることである。小さな悪が積み重なりついに大悪となって逃れられないようになることを心配する。小善をもないがしろにせずにたえず勉強し、つぎつぎと徳を積み、毎日、修行をすることで賢くなり、愚かな者も迷いをなくすることができる。

十一　目の前のことに迷わず、後世の子孫のことを考えて、一日一日と修行することである。

■あらゆる人は何かの能力をもって生まれてきた

幽学が教育者としても偉大であったのは人間にたいする見識の深さである。彼は人間にはそれぞれの境遇や素質・能力が異なって生まれているとし、その器量いわゆる才能を発揮できるようにしなければならないと教えている。「不愚といえども、五行も五常（仁・義・礼・智・信）も備わりたるゆえに、それ相応に導きて能く歩かしむること大道なるべし」と述べている。記憶力が悪いのが愚ではない、その人は手先が器用かもしれない、木を伐るのが上手かもしれない。それぞれの人間にそなわった能力が発揮できるように生きることであると教え指導している。それぞれの人間には「器量」があり、それに応じた「相応」の「器量相応」で生きることを教えている。「器量相応」は人間の能力だけでなく広い意味をもっており、日常の生活や商売のなどにも「分相応」の教えを広めている。「器量相応」の器量は器の大きさである。「相応」の範囲内で生活して行動することである。一方では幽学は自ら社会奉仕として道路の修復、橋梁の架け替えなどの奉仕活動をしてきた。自らが実践して、この村の一員であることを知らせた。さらに、幽学は男子のみでなく夫人や子供の教育にも熱心であった。「微味幽玄考」という本のなかで子供に関する教育についてくわしく説いている。おそらく幽学が子供の頃に両親から受けた教育や通った塾での教え、それに京都での漂泊の旅の中で見てきた武士の子供の教育から学んだものであろう。

第九章　幽学の教化活動

■自然宗教と宇宙の意志

宗教には創唱宗教といわれる仏教・キリスト教・イスラム教などの教祖の教えを信じるものと、神道・ヒンズー教・ユダヤ教・ギリシャやローマの古代宗教などの生活の中から生まれてきた自然宗教に分けられる。日本神道は自然宗教に入り、儀礼が重要な働きをする（宮家準「日本人の民族宗教」）。宮家によると日本人の暮らしを支えている民族宗教は宗教儀礼が中核をなしているという。このため、一定の世界観のもとに宗教経験を根底にもつ非合理的なものであるとみている。しかし、これを非合理的と呼ぶことには疑問がでてくる。創唱宗教のキリスト教では、この宗教が絶対の真理であると信じ十字軍ではイスラム教を異教とみなし聖書の教えと反する残酷な行為をしてきた。西欧での宗教戦争や最近では第一次と第二次世界大戦で同じキリスト教どうしが殺し合いをするなど矛盾だらけである。あげればきりがないほど有色人種を抹殺してきた。宗教そのものは合理性で測る世界ではない。合理性は現在の科学で説明できるものだけである。しかし、現在の科学で説明できるのはごく一部の内容だけである。非合理的といわれる太陽神信仰でもそれなりの理由が存在する。たとえば太陽と地球の間にはたらく万有引力の定数は約一千億分の七（〇・六六七四）という考えられない数字である。もしこの数値が大きくなったり、小さくなったりすると今の自然界はできないといわれる（桜井邦朋「命は宇宙意志から生まれる」「なぜ宇宙は人類をつくったのか」）。もし、この数値が大きいと太陽は進化が早くすでに死んでしまっている。そして、自然界にある炭素や酸素や窒素は不足してくるという。逆にわずかでも小さいと太陽の進化が遅くなり宇宙の誕生から百三十七億年の現在でもいまだにあらゆるもの構成する元素ができていないという。まさに奇跡の重力定数である。同じように、太陽の中にある中心核では四個の水素の原子核が融合してヘリウム核をつくっている。このとき水素核四個の質量の〇・七パーセントがエネルギー変換して光になって放出されている。もし、この放出される比率が〇・七パーセントでなくて〇・七一パーセントでも〇・六九九パーセントでも今の宇宙は存在しないという（桜井邦朋）。〇・七一パーセントならば放出する効率が大きくなり、星の進化が速くなる。このため、早く水素を使いきり太陽はすでになくなっている。逆に〇・六九九パーセントならば太陽は星の進化が遅くなり、太陽はまだ幼少期になり、地球には生命体は存在しないという。おなじように、ボルツマン定数という温度とエネルギーの関係を決める重要な物理定数がある。もし、この定数が何倍も大きいと人類の体は安定を保てないという。人類の身体はこの定数にあうようにできており、まさに奇跡の数値である。この地球ではあらゆる自然現象が一つの統一されたものとして存在できるように定数がきまっている。このような例をあげるときりがない。地球も太陽も宇宙も人類のなりたちも奇跡でできている。教祖が始めた創唱宗教のほうが自然宗教よりも高級で合理的な宗教とはいえない。この宇宙のなりたちは創唱宗教では説明できない。日本の神様の最高神である天照大神（あまてらすおおみかみ）は太陽神である。日本神道は自然宗教であるが広大な宇宙の成り立ちを縄文時代に生きてきた日本列島の住民は体験で知っていたのではないだろうか。すべてのものに神がやどるという八百万（やおろず）の神を信じていたことは宇宙の神秘を体験で知っていたことになる。八百万の神のような多神教は一神教とは異なり排他的でなく融和の心を生み出す。幽学は日本文化の根底にある自然宗教の神にしたがった宗教儀式を重んじた。しかし、その儀式は深い意味をもつており、人びとを納得させるものである。彼の儀式は自然宗教の神道の中に創唱宗教の儒学・仏教などを含めて考えたものである。日本文化に残る儀式の伝統の中から合理的な意味を見つけて創造した独自の教えである。ここでは幽学がおこなった多くの儀式の中からその一部をみていく。

■型から入った教育と儀式

●刀剣にやどる魂

幽学の教育の方法はすべて「型」から入っている。彼の教育の特色は「型」を用いて人々を導いたことである。型は茶道、華道、香道にも武道の柔道、槍術、剣術、薙刀にも相撲にもある。茶道のような厳しいきまりごとの型の中から自由な宇宙の空間を描くことができる。利休居士は、あの狭い四畳半の空間の型の中から茶道という型をもちいて永遠なる世界をつくりあげた。戦後の日本はあらゆるところから型をなくしてしまった。型こそ日本文化の基本である。幽学は一年中の行事はすべて型とみなした。正月のしめ縄、雑煮、おそなえ餅などの型による意味とそれを生活のなかで祝う意味を人々に教えた。七五三や元服式などの儀式を型とみて祝いのなかからそれを教育の場にかえていった。

さらに、型の例として人々の精神を高めるために幽学は日本刀に注目していた。彼は身分をこえて百姓や農民にも刀剣をもたせた。彼の教えを受けた道友で家の戸主には必ず一振りの日本刀を購入させた。幽学は働きの者の農民や道徳的に高いおこないをする農民にほうびとして自ら刀剣をあたえている。幽学は刀剣の鑑定の専門家でもあった。彼はほうびとしてあたえる刀は最高の品質のものを安く購入している。なぜ、戸主に刀剣をもたせたのだろうか。それは刀剣のもつ崇高な精神を養うためである。古来、あらゆる国では刀剣を神のようにあつかった。また神がやどるとみていた。日本の歴代天皇がもった三種の神器の中で草薙の剣がある。神器である。農民も商人も刀剣を持つことで、刀のもつ精神を魂とみたてて心の鍛錬にした。また、荒廃した房総地区で自らの家族を守るために護身用にもなった。しかし、幽学は武芸についてはいっさい口に出さなかった。彼は刀剣という型がもつ武士道の高貴な精神をよみとって欲しい願った。また、そこには魂が宿ることを教えたかった。幽学は故障したり磨耗した刀剣を修理する技術をもっていた。現在にも残る幽学が使用した刀剣修理用の道具が残っている。その道具は料理で使用するまな板に似ている。

■人間のもつ器量と型

幽学の教育の基本は農村の生活と生産の場で型の大切さを示した。型を無くして生きていくと自分だけ好きかってなことをして、人びととは切り離されて生きていくことになる。型には深い意味をもつ。縄文時代からの生活から導いた日本民族の知恵である。彼は熱田神宮や京都の神社で多くの儀式に参列した。さらに高野山では真言宗のおごそかな儀式の型に参列した。松尾寺でも禅宗の儀式である型を体験した。儀式には多くの人間の協力のもとに神や仏への祈りを型により表現している。儀式はある目的のもとに、人々が団結して同じ型の中で協力しておこなわないと実現できない。彼は男の型や女性の型を重要視した。男の型では、「男は男らしく」、女性の型は「女は女らしく」あることから教育を始めた。さきにあげたように人間はそれぞれの能力や性格はみな違っている。幽学はそれぞれの人間がもっている「器量」とか「分」ということが「型」であり、人間はそれぞれのあたえられた「型」にそって生きていくことの大切さを指導した。このように、幽学の教育はその「型」を明らかにすることから始め、人がもつ器量に応じて、その道を守ることに重点をおいていた。彼の教育の型は、最初の一、二年は必ず相手と個人的な心の交流をもって情をほどこし、相手を理解することから始めている。この後で理を学ばせることにしている。さらに、理論的な内容を含む「理」については二、三年かかって学んでいる。そのときも相手には情をかけながらともに学習していた。このように最初から頭ごしに教えるのではなく相手の「器量」を見分け、その「器量」に応じて、時間をかけて教育することからはじめた。

■生活の中の儀式と型

幽学は日常の生活を送るうえで必要なしきたりや儀式の「型」を非常に大切にした。彼は年間を通じて、昔の人が残したしきたりである年中行事の型を大切に守った。正月の儀式、出生の祝い、七五三、結婚式、葬儀などの儀式ではその「型」のもつ深い意味を説明して出席者に納得させた。彼の教育はまさに型から入り、型で終わっている。彼は漂泊の旅で旅行の金を得るために庶民に易と観相をしていた。人の運命をうらなう易や人の顔形から人間の運命や性格などを見る観相が中心であった。しかし、幽学は易をみながらも多くの人の苦しみや悩みの相談にのっている。彼は易や観相から相手の家庭や仕事のこと家族の問題などの解決策を見出して教えてきた。たんなる金儲けではなかった。ところが彼は空海の言葉である「誰かに少し教わった程度の浅い知識をもとにした、いい加減な考え方で、広い世界のことをあれこれ判断してはいけない」（十住心論より一条真也「空海の言葉」）という教えから新たな世界にすすんだ。彼は形の上では易―聖学―性学へとすすめたがその知識の底は石門心学や神道それに空海の密教や禅宗などの幅の広い世界観をもっていた。性学の教えは農民の家庭教育にまで発展していった。そして、天保十三年（四十六才）のときに八石教会という教育の場をつくった。この教会ができたために、定期的に人々が集まり講話をおこなった。易と観相は後に長部村に滞在することになった天保九年（四十二才）のときに伝授をやめた。彼は、空海の「学問というものは、世の中の人びとが幸せになるためにあるものだ。けっして金儲けの道具にしてはいけない（性霊集）」という言葉が気になっていた。長部村に定住して旅の金の心配はなくなり、人びとのために生きる決意を高めた。

■神文の誓約

荒廃した房総の地は人心も乱れていた。幽学は農民が博奕や悪習に入っていることを正すための教育を始めた。幽学は門人を「道友」と呼び、同じように道を学ぶ友とみていた。道の前には先生も生徒もなく、お互いが友人であるとみていた。彼の門人に入門するときの「型」は「神文」という入門誓約書を書かせたことである。そして、門人の立ち会いのもとに神文式という儀式をおこなった。いわゆる「型」から入った。神文は各人が自筆で書いた。

その内容は「このたび、性学の同門に加入しますが、個人のわがままは申し上げません。もし、私の心違いにより、同門の中から厳しい戒めが起きても怒りません。この身の愚かさを恥じ、心の中から打ち解けて、心の中の汚れを洗い、道を学びます。友達の信義、誓約は必ず守ります。もし、これに背くときは神の罰を受けることになります」と書いて大原先生あてに提出した。本人は世話人とともに夜中に八石教会に集まり、沐浴して心身を清めて式に参加する。式は神文書の姓名の下に爪印をする。これが終了すると立会人の一同にあいさつをして道への精進を誓う。

■座談による教育

幽学は門人の家庭を訪問し、その家族と座談会の方式で性学を学んだ。彼は家族に性学の意味をこれまでの体験をふまえて解説した。彼は漂泊の旅で習得した天才的な話術力をもっていた。人々を笑わせたり家族の人とうちとけあって話をした。

●行状突合

これは神文を誓った門人の間でおこなわれた方法である。各村から門人が集まって、自分の行いを反省し、互いに討論しながら自分の心を磨いていく方式である。また、あらかじめ課題をだしておいてそれについて討論することもある。まさに幽学をまじえて互いに神文で誓約したことを実行するための修行の日々でもあった。

■型からはじめた生活教育

●混乱している技術立国の日本

越川は「われわれの祖先の生活の中には、まだ礼節があり、哲学があり、信仰があり、芸術があった」と述べている（「大原幽学の研究」）。敗戦であらゆるものが破壊され、平成の現在も日本人の心はいまだに混乱のなかにあり、いわゆるアノミー現象の中で生きている。同じ敗戦国のドイツは何度も敗戦を経験しているため教育・軍隊・憲法に関しては占領軍に一切口出しをゆるさなかった。この3つは国の根幹をなすものである。教育の場で国歌を歌わず、国旗を掲げない学校の教員がいるという狂った国は世界で日本だけである。いまだに敗戦のまま思考が停止した教員やマスコミ人や小説家や憲法学者が化石のように生きている。彼らは大東亜戦の深い意味をいまだに理解していない。この国を支えているのは現場で働く名もない職人や技術者であり農民である。技術立国の日本は世界に誇れる発電・水・素材・鉄道・工作機械などの技術をもっている。アメリカもヨーロッパ諸国も日本の技術がなければよい製品はつくれない。反日国の中国や韓国は日本なくして工業製品はできない。平成二五年でも特許等で稼いだ額は約二兆七二〇〇億円もあり、この特許収入はアメリカ、ヨーロッパ諸国に対しても黒字である。しかし、文系法学部の官僚が支配するこの国は間違った方向に国を導き、目的なき国家になっている。個人の快楽を追い求めことが民主主義と勘違いし、経済のみを優先した国家になった。海外からの内政干渉にも毅然たる態度をとらず、コトバのみで謝罪して解決できるという妄想をいだいている。北朝鮮に日本民族が拉致されても、何もできない国家は国家に値しない。現在の日本の国家には型が存在しない。

■幽学の教育は型からはじめた

幽学は型を持ち込んで人々の教育をはじめた。人生にはいろいろな節目、節目があり、この節目でおこなわれる儀式すなわち型を利用して教育をした。また、式は人生における教育の場として非常に重要な位置をしめるものとみなした。すなわち、出生祝、誕生祝、七五三の祝、元服式、結婚式、葬式などの人生の節目には型がある。子供が七歳になると紐解の儀式をおこなった。紐解心得という注意書きを配り親・兄弟・友達との交わりの方法を教えた。十五歳になると元服の儀式を八石教会でおこなった。そこでは七ケ条の誓いをたてさせた。さらに、夫婦が共に心得るべきことの注意書き。一年の計を決める正月での行事は特に重要視した。その他の年間の型として、雑煮を祝う式では大根、菜、里芋などを煮て民とともに祝い天下泰平を祈っことの意味を説明した。鏡餅は天地に位置して陰陽が合体し、万物が生育するものとみなし、神へのお供えと先祖・父母への感謝のものとしてお供えと呼ぶことも教えた。これは神代から伝わる儀式である。また、松、竹、橙、しめ縄、ウラジロ、昆布、ごまめなども儀式で利用した。これらは昔から伝わる一年の初めの型であり、「規式」であることも教えた。規式の中にこそ日本文化がやどっているとみなした。幽学はこのことを規式解という著書のなかで述べている。この書は歳時記とことなり倫理面から見た規式を述べたもので、幽学があらわした独特の本である。彼は浪人で無宿人であったが誇り高い武士であり生涯、武士道の誇りを忘れなかった。個人の話しになるが、大学で四十年間にわたり技術教育をしてきた。毎年、工学部の学生に自分の家の家紋と宗教の宗派を聞いてきた。調査した人数は約四千人近くなる。この中で自分の家の家紋を知っていたのは約六％で、宗派を知っていたのは約九％であった。完全に日本文化の破壊が進んでいることを知った。

■義礼による教育

●換子教育

幽学は「子を育てるのに、食いたい、飲みたいと思う根性ばかりを育てては、親となってからはものごとを判断することができない人間になる。これでは子孫を滅ぼすことになるため、改めなければならない。いったん、このような性質に染まった子供は善い人にはなれない。このため、十分注意すべきである」と忠告している。親のもとでは子供を正しく教育することはむつかしい。このため、幽学は換子教育という独創的な教育を始めた。その方法は長部村で七、八歳から十五、十六歳の一人の子供を数軒の家で一年から二年を預かって養育することにした。預かる子供は主に道友の仲間を中心におこなった。貧者の子供は富者の家に、富家の子供は貧家に預けるようにした。幽学は子供を預かって、養育をするときに「子供仕込心得」という十九ケ条の心得を書いて与えた。幽学は換子教育により、子供として将来、生きていくうえで必要な型を学ばせた。そして「子供仕込心得」という型にそった教育をおこなった。家内中がこの教えを守って養育をした。その中の一部をあげたのがつぎのとおりである。


一．家内中の者は、預かった子がかわいくなって涙が出るほどまでの情がなければならない。

二．男は十五歳、女は十三歳までに何事も一人前にならなくてはならい。

三．食事は十分に与えること。赤飯や餅は家中で別々に食べるのは善くない。平等に食べること。特別の理由がないときは家内で同じに配ること。食事のお膳の座る順番を能く教えること。先祖や親への孝行の志が起きたときは皆でほめて、子供の心を大切にして育てること。

四．客などに礼儀よくすること。人に呼ばれると返事をよくさせること。人から仕事をたのまれたときはすばやく行動すること。

五．朝早く起きて、夜は早く寝る。毎夜、翌日の仕事の割り振りの相談をして、子供にもこれを聞かせること。

六．教えることは念を入れて教え、何事も一度に教えず、何度も教えること。無理に仕込むのはよくない。

七．無理に仕込むのはよくない。子供の気の進むときを待っておこなうこと。

八．大切なのは情の深いことである。

●紐解の儀式

幽学は子供の教育こそが親になったとき、困窮した村を復興させるための原動力になるとみていた。彼は子供が七歳になると「紐解の儀式」をしている。子供に儀式をとりおこない、人間として生きていく「型」を体験させている。このとき幽学は紐解の儀式でつぎのような五ケ条の紐解心得を書いて与えている。これにより、家族全員がこの心得にそって教育することを誓いあった。これは武士の心得と同じ内容である。

●紐解心得

毎回、帯をしめるとき（四六時中）にわたり志を忘れずにいること。

さらに、これを生涯にわたり定めて守ること

一．祖父母や父母の喜ぶ顔を見ることは何よりの楽しみであること。自分の悪い顔を見るのは大きな不幸である。

二．親、兄弟はもちろん、道友たちの志をムダにしないこと

三．兄弟・友達にかぎらず、立居にいたるまで、男は男らしく女は女らしく生きること。

四．人々の志にしたがって、自分勝手な生き方は一生の恥と思うこと。
五．男は十五歳、女は十三歳になるまでに、一人前となる志を定めること。

●質素な生活

その一方で、幽学は農村での生活を改革している。彼は分相応の生活を守るために冠婚葬祭の改善を指導した。飲食も簡略化し、結婚式でも木綿の紋付を着て、式も質素にした。一方で葬式や仏事で「供養をていねいにして、飲食を薄く」することを方針にした。

■葬儀前夜の納棺式

幽学は漂泊の中で人間の死について高野山や近江の松尾寺などでなんども葬儀を観たり、執り行なった。そして、つぎのようなことを指導している。人が死ぬと葬儀前夜の納棺式を厳粛にした。家族や親族一同の立ち合いのもとに亡くなった仏に礼服を着用させ、体を後ろから抱き起す。相続人が生前の恩に感謝し、祖先や親の志を継いで家名を汚さず、家を立派に継ぐことを誓う。さらに兄弟、姉妹の順番に同じように親や先祖の名前を恥ずかしめない人間になることを誓約した。幽学の供養のねらいは形式的なものでなかった。葬儀は飲食の場でなく、親の志をついで家名をあげることであることを誓わせた。死に臨む人間の厳粛な儀式の型を親族に教えた。

■八石教会の教育

●八石教会での教育の開始

幽学は村々を歩いて門人や農家の家族を指導していた。天保十三年（四十六歳）に幽学の住居の敷地内に教導所を設け門人の指導を始めた。この場所は長部の八石にあったため、八石教会とも呼ばれた。教会での教育は男子、女子、子供に分けておこなわれた。しかし、ここも手狭になったので新しく領主の許可をえて嘉永三年（五十四歳）に「改心楼」という講堂を建設した。建設費用は十日市場（旭市）の林伊兵衛をはじめ、多くの門人の寄付でまかなわれ、不足金額は門人が田を共同で耕して返済することにした。工事はすべて門人がおこなった。ここでは定期的に十七日には男子会、二十八日は女子会がもよおされ、そのほかに子供会も開かれた。会は盛大で男子の会では常に四百人以上が出席した。講義は孝経などの経典や心学の教えを用いて家庭内の和や分相応の生活を指導した。婦人会では婦人の生きるべき道を教えた。子供会では家族全員で一家が和合する必要性を説いていた。子供は農業経営の後継者として重要視した。会は年齢別にグループ分けて教育している。教育の基本は「徳」を基本にして本を読んでその内容に関する講話をした。また幽学が書いた自筆の三幅対（さんぷくつい）と呼ばれる三つの掛け軸い書いた文章を中心にして講義をした。

●元服の儀式

先にあげたように幽学は型による教育を重要視した。この中で八石教会でおこなわれた型による教育の代表が「元服の儀式」である。男の子は十五歳になると元服の儀式を教会でおこなった。父母同伴で厳粛な儀式を型にそってとりおこなった。集まる人はみな沐浴して体を清めていた。門人や高弟の立ち会いのもとに、幽学の面前で元服の了簡の七ケ条を守ることを誓い、門人たちに前髪を剃ってもらった。

一．男は一人前になると親の代わりを勤めることになる。このため正しい行いをして、あらゆる人から尊敬されるように徳を積むことから始めること。

二．男の口から出たことは、破ったり無効にしてはならない。

三．これまでの十五年間について親からうけた恵みをありがたく感謝すること。このような心がないと盗賊の仲間に陥ることになる
四．上達するもおちぶれるも、元服での心構えで決まってくる。

五．男として大きな心もなく、小さなことに気を奪われることがあってはならない。

六．生涯にわたり色事に向かわず、父母・道友に心配をかけてはいけない。

七．孝のためには一日も命が惜しいような日があってはならない。

以上のことは帯を締め（精神を統一して気を引き締め）て、食事をするとき忘れずに守ること。

●男子教育の男子会

毎月の十七日は男子会であった。参加者は四百名以上になり会場からあふれるほどの盛況であった。遠い人では四十キロ以上を歩いて泊りがけで参加している者もいた。会の運営は村々の世話役がおこなった。教育は性学の門弟の児童に袴を着用させて教台の上にたって、幽学の著書である「微味幽玄考」を素読させた。つぎに門弟が修身や農業技術の改善（カイゼン）について話をした。大切なのは農業での改善（カイゼン）である。直接、農業の生産性に影響して生活の向上につながるからである。最後に幽学がこれまでの話を総括している。彼は性学の教えを「微味幽玄考」の著書から説明した。とくに規式解という著書では一年の初めにおいて生活の中でおこなう儀式の意味を倫理的な面から解説している。幽学は慣習化した元旦の規式の意味をくわしく解説した。一年間の送り方を家族が自然と神と調和して能率的にムダなく幸せに送れることを明らかにした。式日は意味がありこれを大切に

守ることを教えた。「恐るべきことを恐れ、敬うべきことは敬い、奢りをやめて勤勉に働くこと」の意味を伝えた。まさに現在の日本人が忘れてしまった身近ないろいろな「式」の意味をいまいちど振り返ることの大切さを教えてくれる。

●女子教育の婦人会

戦前（昭和七年）から房総の地で長年、農民の子弟を相手に教育してきた越川はつぎのような日本の農業の危機をうったえている。「今日の女子教育は多くは普通課程に偏重し、農村を愛し勤労を重んずる教育は全く軽んじられている。したがって高等学校に進むような女性は、ほとんど農村にとどまらない。もし、上級学校に行った女性が、みんな百姓に嫁がないで都会に走るとしたら、農村の若い青年たちもまた、土から離れて行くのは必然である」と述べ、さらに「農家に嫁いだ婦人の中にも、百姓は好きでないが、仕方ないからあきらめてやっているというのがある。彼等には農の本質も農村の特質もわからず、また明るい農家生活を築いていく意欲も希望もない」と日本の現状を述べている。幽学はすでに農村における女性の役割の重要性をみていた。夫婦・親子が家庭内で仲良く生活することこそ農業経営の基本であるとみていた。婦人会は毎月二十八日に八石教会でおこなわれた。夫人たちはこの会をたいへん楽しんで参加していたという。この日がどのような天候であっても遅刻者もなく参加した。

第十章　万能の人であった大原幽学

■大原幽学が実践していた能率的な作業

幽学は学者でも農民でもない。彼の残した著書だけで彼の本質は理解できない。中井は幽学が体系的に叙述するだけの学殖と表現力とをもっていたとは認めにくいと述べている。当然のことである。彼は、二十四年間の漂泊の旅で習得した技術をまとめると図1のようになる。幼少期から儒学の教育を受け、約五年以上にわたる高野山での仏教修行と農業技術の習得、松尾寺での二年間にわたる禅宗を学び、易・観相を習得し、熱田神宮の神官や地方の研究者から神道の指導を受け、石門心学を学んだ。彼にはこのような幅広い学問の基礎があった。同時に、彼は万能の技術者であった。農業技術者で農作業の専門家でもあり、能率技師であり、家の設計のできる建築士であり大工であり土木工事や水利工事の技術者であり、測量士であり医師であり、彫り物師で刀剣の鑑定や鍛造もでき、そろばんで経済計算もできた天才であった。彼の残した偉大な業績は彼が長部村でおこなった数々の仕事の中と多くの人々との触れ合いから明らかになる。彼がおこなった農村での改革の細かい内容は文章には出ていない。幽学が村で多くの人に性学の道を説いても、最初は浪人で無宿人でもあり、血筋の明らかでない漂泊の彼を信用しなかった。しかし、彼の無欲な人格と誠実な行動それに幅広い知識と高い農業技術に関する専門知識に村人もすこしずつ彼を信用した。長部村に生活の基盤をおいてから農業の中で多くの仕事をして、農作物の生産性を高めてその実力をしめした。幽学は口先の人でなく、実践の人であった。彼が農民に説く話には実践のともなったことばかりであった。

■大原幽学のもっていた多彩な技術能力

幽学が長部村に住み、生涯をこの地で終えると覚悟した。漂泊の旅で身に着けた学問や技術を農民のために利用し始めた。彼の本質を表しているつぎのような言葉がある。「道をおこない徳をつむといえども農業を怠ってはならない。道をおこない徳を積むことに力を尽くすといえども、このために農業をおろそかにしてはならない。農業をおこたって、道をおこない徳を積むことはできない。何となれば衣食が足らないのにどうして道徳をおこなうことができようか。食べるものもなく住む家もなく、着る服もないのにどうして道をおこない、徳を積むことができようか。私がいうように農業に専念しながら同時に道徳を行わなければならない。道徳をおこなうために農業をおろそかにすることは利口なことでない。農業に集中しているために道徳ができないというのは決していってはならない」とその両立が重要であるとみていた。では幽学は長部村で性学のほかにどのようなことをしたのだろうか。図1は幽学が長部村でじっさいにおこなった農業関係の技術とその周辺の技術を整理したものである。彼は武士の出身であったが農業関係の技術に詳しい。長部村では田植えの実演をして正条植えの重要さを農民に実際に指導している。土質や肥料の設計と土地の測量技術に詳しく道路工事や畦道の築道をしている。さらに、測量した土地の容積から土量の計算をし、工事に必要な資材の準備、作業員の動員人数の推定をし、傾斜地の造営工事の工数計算もしている。彼は和算（数学）の能力が高かった。図面作成の技術もあり、農事暦の祭用や肥料の設計それに家の設計と建築工事もおこなった。建築においては家の標準化や家を建てるときの材木の標準化をしてきた。医者の心得もあり、薬傷の調合をし医術を用いて困った農民を助けた。さらに、彼は刀剣を鍛える技術をもっていた。たぶん高野山の麓の鍛冶屋などに出入りして身につけたものであろう。長部村では味噌や漬物の調理法まで指導している。八石教会の勉強会の開始を示す合図に「ほら貝」までも吹き鳴らす高度な技術をもっていた。図1を見ると彼はまさに万能の技術者であることが理解できる。

■科学的管理法をはじめた大畑才蔵

高野山の麓に幽学よりも百五十年前に大畑才蔵（寛永一九—享保三）（一六四二—一七二〇）という農民がいた。彼は農民で紀州（和歌山県）において大規模な治水や土木工事をして農業の生産性を向上させた。彼は高野山の麓で庄屋をしており、高野山にも出入りしていた。彼の開発した農業技術や治水工事の管理手法こそが世界で最初の科学的管理法である。彼の開発した手法は現在でも利用できるものばかりである。農作業や治水工事で作業時間のムダをなくして能率的に作業を行い

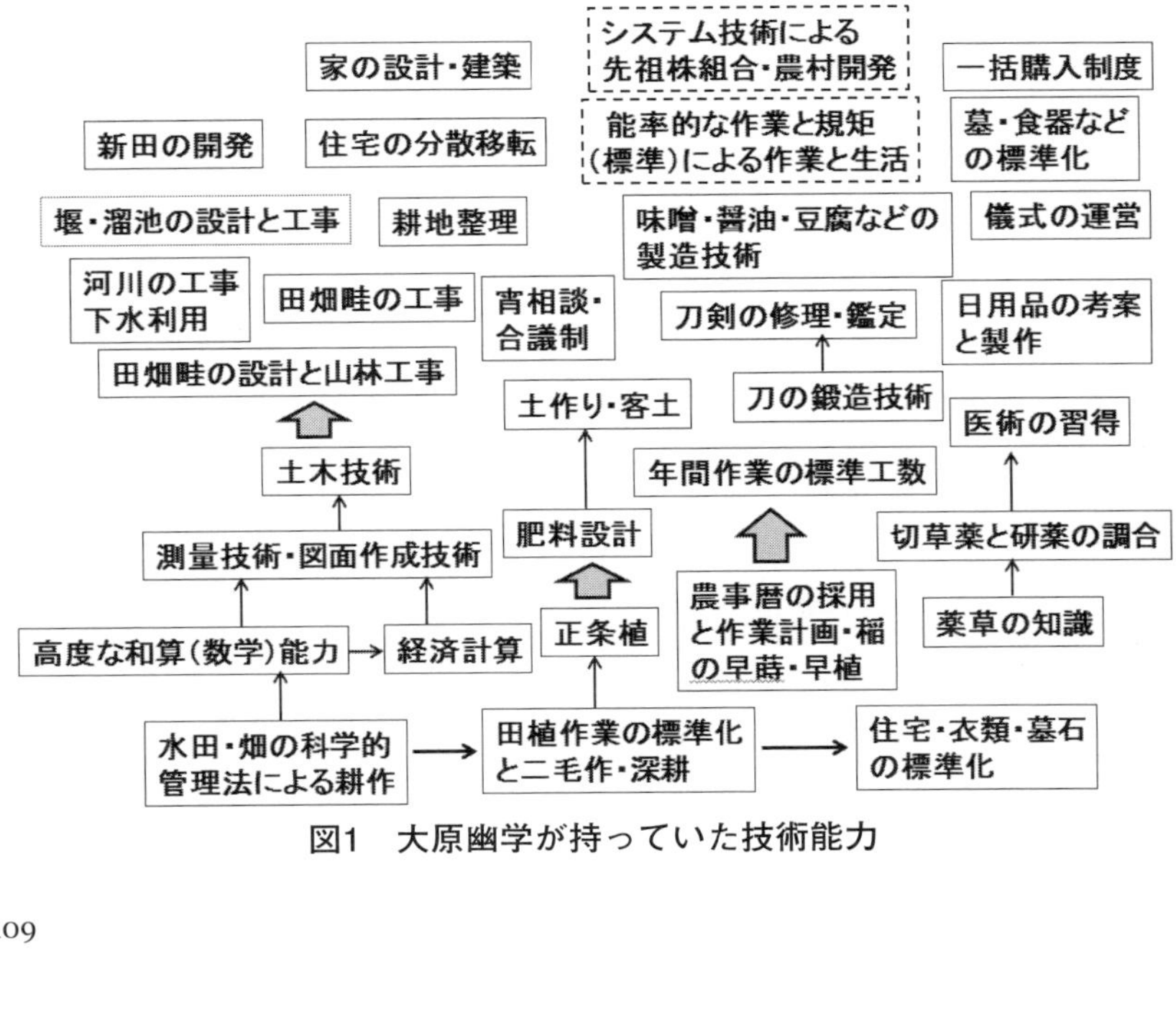

図1　大原幽学が持っていた技術能力

生産性を高めることができる。彼の開発した手法は、これまで経験と勘でおこなっていた農作業を大きく変えた。いわゆる仕事の中に「科学的管理法」の思考をとりいれた最初の人物である。その一方で、農作業では種おろしとして一年十二カ月にわたり、田畑での植え付けの細かい内容を指示している。一月にはゴボウ、茗荷などの植え付けから、四月には粟、ひえ、芋、スイカ、秋大豆、レンコンなどの栽培から五月の田植から水田の手入れ、十二月まで細かい作業方法と植え付けの方法を指示している。大畑才蔵は科学的管理法の父といわれるアメリカのテイラーよりも二百十四年前に世界で最初にそれを農作業や治水工事に応用していた。つぎにムダをなくして能率的に作業をする科学的管理法の考え方について簡単に説明する。

■ムダな作業と生活のムダ

幽学が長部村でおこなったことはムダのない能率的な農作業をおこない生産性を大幅に高め、人々の生活を豊かにする方法を広めたことである。幽学は高野山の農家から大畑才蔵の伝えた科学的管理法を学んでいる。彼は高野山や畿内に伝わる優れた農業技術を遅れた関東の地に応用した。さらに、彼は生活の中でも時間のムダや生活費の浪費をなくする方法を指導している。彼は作業時間が金に変わることも農民に教えた。彼は才蔵の教えにより、「仕事」には、ほんとうに働いている「正味作業」と「ムダな作業」があることを知った。仕事をするとき「人間のおこなう作業」は時代が変わっても永久につぎのような内容からなっている。

現場の仕事＝正味の作業＋ムダな作業

同じように、農村での生活の中にも「倹約した正しい生活」と「ムダな生活」からできている。

農村での家庭生活＝倹約した正しい生活＋ムダな生活

人間のおこなう作業には「働き」と「ムダ」からできている。これは仕事だけでなく、日常生活の中でも多くのムダがある。たとえばムダなモノを購入したり、ムダな出費をすることも含まれている。大野によると体を「動」かすことと「働」くことには大きな違いがあるとみている（大野耐一「トヨタ生産方式」）。いくら体を「動」かしても「働」いたことにはならない。幽学は「働く」ことに意味があることを現場のカイゼン（改善）でしめしている。カイゼンは世界共通の言葉で「KAIZEN」とよんでいる。ムダをなくするカイゼンは科学的管理法の原点になる。一人あたりの生産性を高めるには「ムダ」を無くすることである。これにより費用の低減にもつながる。また、生活の中からムダを無くすることで、ムダな出費がなくなり倹約した生活で農家は豊かになる。

■「働く」ことと「動く」ことは異なる

仕事とは「働く」ことである。「働く」ことで農作業で米や穀物を作り、モノの価値を高めることになる。いっぽう、「動く」ことは仕事や作業の中で、ただ体を動かしているだけである。いくら動いても、働いたことにはならない。稲や麦の生産性向上にはつながらない。たんなる体の「動き」を「働き」に変えなければならない。作業はつぎのように三種類からなっている

（一）正味作業とは農作業により、「価値を創り出したり、価値を高める作業」である。この作業が最も重要になり、作業の中心になる。その内容には苗を植えたり、草を刈ったり、稲を刈りいれたり、稲を脱穀したり、米を俵に詰めたり、野菜や果物の選別する作業である。

（二）付随作業は正味作業を行ううえで必要な作業である。これには仕事の段取り、米や肥料の運搬

や準備作業、野菜や果物をいれる籠の準備作業などがある。

（三）**ムダな作業**はあらゆるところにある。たとえば幽学はつぎのようなムダがあげている（一）**作業でのムダ**：何も持たずに田畑まで何度も移動するムダな作業、農具の保管場所が乱雑なために毎朝仕事前に農具をさがすのに手間取るムダ、野良作業で忘れ物をして、なんども家と田畑間での運搬をするムダ、家と田畑の間の資材などの少ない量の運搬による運搬頻度の増加によるムダ、手直し作業や作り直しのムダ、材料や肥料の到着を待つための待ち時間のムダ、資材の運搬作業や選別作業などからなるムダ。このように、あらゆる作業にはムダは存在し、これをカイゼンすることでムダをなくし能率があがり生産性が高くなる。（二）**生活でのムダ**：幽学はムダを無くするために質素な生活をしてムダな金を支払うことを禁止した。値段が安いからというだけで安物を買う、安物買の銭失いを禁止した。品質の悪い安物はすぐに壊れてしまい金をムダに使用することになる。博奕を禁止してムダな金を失わず、酒をやめてムダな金を使わない、衣類についても木綿を推薦し高級な衣服をやめさせた。下駄も杉材などを用いてムダを省いた。倹約によりムダな金が節約ができる。亡くなった人の墓にムダな金をかけていたことを辞めて、標準寸法の墓に統一してムダな金をかけないようにした。ムダをなくして節約できた金は貯金にまわした。

「ムダ」について幽学は「農民は一刻も油断せずに時を大切にすること。そして、分相応という決められた標準の範囲内で仕事に励むこと。無益な時間を費やしてはならない」ことを教えた。また、生活を分相応にして、節約をして貯蓄をすすめた。ムダについて彼はおもしろいことを教えている。「なにごとも必要ない商品はどれだけ安くても決して買ってはならない。何もかも安いために、今は必要ないがいつかは必要になるだろうと思って買うことは不経済でムダである。必要もないのにいろいろな品物を購入するのは安物買の銭失いということになる。金がないのにこれを買うと金銭を使いつくしてしまう」まさに生活のムダである。現代でも、ほとんどの人間はこのことを体験している。

■才蔵がはじめ幽学も実践した能率的な作業

大畑才蔵がはじめた科学的管理法は英語ではＩＥ（インダストリアル・エンジニアリング）と呼んでいる。ではＩＥとはなにか？日本ＩＥ協会はつぎのように定義している

「ＩＥ（科学的管理法）は、価値とムダを顕在化させ、資源を最小化することでその価値を最大限に引き出そうとする見方・考え方であり、それを実現する技術です。仕事のやり方や時間の使い方を工夫して豊かで実りある社会を築くことを狙いとしており、製造業だけでなくサービス産業や農業、公共団体や家庭生活の中でも活用されています」。ここでいう価値とムダを顕在化するとは、まず仕事の中で正味作業とムダな作業を見つけることである。つぎに仕事を「能率的」におこない効率を上げ、仕事の中から「ムリ・ムダ・ムラ」をなくすることである。仕事をするのに能率を考えて効率的におこなうことである。では「能率」とはなにか。能率は次のように定義できる。

労働の能率＝目的のための有効なエネルギー÷労働のために供給されたエネルギー

労働の能率をあげるには分子の「目的のための有効なエネルギー」の値を大きくすることになる。そのために手段として「労働のために供給されたエネルギー」を少なくすることである。このように「能率」はつぎのように「目的」と「手段」との「比」になる。

能率＝目的／手段

「**能率**」について日本での能率学の創始者である上野陽一の説明を用いる（上野陽一「能率学原論」）。上野は能率についてつぎのように説明している。あらゆる仕事には「目的」がある。その目的を実現するための「手段」として作業や行動を起こすことになる。この目的と手段がたがいにつりあっている状態を「**能率**」または「**能率的**」という。たとえば、つぎのようなたとえ話を用いて考えてみる。いま、農家から七キロの先まで米俵を一二俵を馬で運搬することになった。標準の運搬量として馬一頭には米俵四俵を積むことができ、七キロメートルまで運ぶことができると仮定する。すると、米俵十二俵を運ぶのに馬が三頭あれば七キロメートルを運ぶことができる。「目的」は米俵十二俵を農家から七キロメートルまで運搬することである。このための「手段」として馬が三頭必要になる。すると、つぎのようになる。

（1）目的＝手段：（**能率的・能率**）この関係が成り立つ状態を「能率」または「能率的」という。「目的」に対して「手段」がつりあっているとき「**能率的**」であるという。これは手段と目的が釣り合って「能率的」な作業になる。正月の餅をおせち箱に図のように整列して保管する、図の方法はもっとも能率的な保管法である。ところが「目的」に対して「手段」が釣り合わないときを「非能率」とか「能率的でない」という。これにはつぎの「ムリ」と「ムダ」の二つがある。

（2）目的＞手段：（**ムリ**） 実現する「目的に比べて、手段が小さすぎるとき」は「**ムリ**」である。たとえば米俵十二俵を農家から七キロメートル運搬するのに馬を二頭使用すると仮定する。これは本来、馬がもっている能力の一・五倍の仕事をさせることである。このため、馬に負担

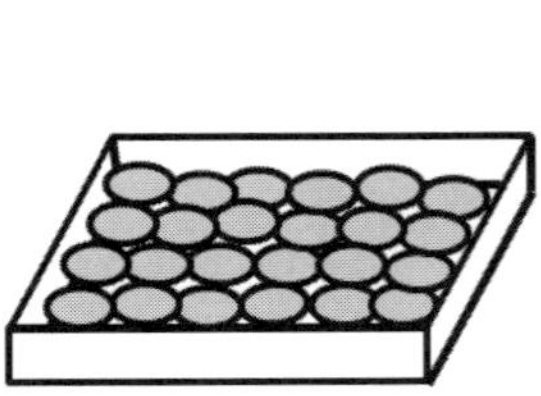

がかかり「ムリ」な作業をさせることになる。図のように餅をおせち箱の中にぎゅうぎゅうに詰めることである。

（3）目的＜手段：（ムダ）　実現する「目的に比べて、手段が大きすぎるとき」は「**ムダ**」である。たとえば米俵十二俵を農家から七キロメートル運搬するのに馬を八頭を使用すると仮定する。これは本来、馬がもっている能力の三頭よりも五頭多く使用していることになる。このため、馬を「ムダ」に使用していることになる。このように「ムダ」と「ムリ」は性格的には相反している。餅を図のようにおせち箱の中に一個入れることで、箱をムダに使用している。

（4）「ムラ」　の発生

このムダとムリの二つが存在すると、「**ムラ**」が発生する。これは「非能率」と述べたり、「能率的でない」となる。このように能率と言う言葉の意味はつぎのように定義できる。

「**能率とはムダを省き、ムリを除き、ムラを少なくすることが能率の3原則である。さらに、効率よく働いて生産性を高めることが目的である**」。

能率学の権威である上野陽一は人々が働きやすい環境のもとで、「ムダをはぶき、ムリを除き、ムラを少なくする」ことは人生を幸福にするために必要であると指摘している。

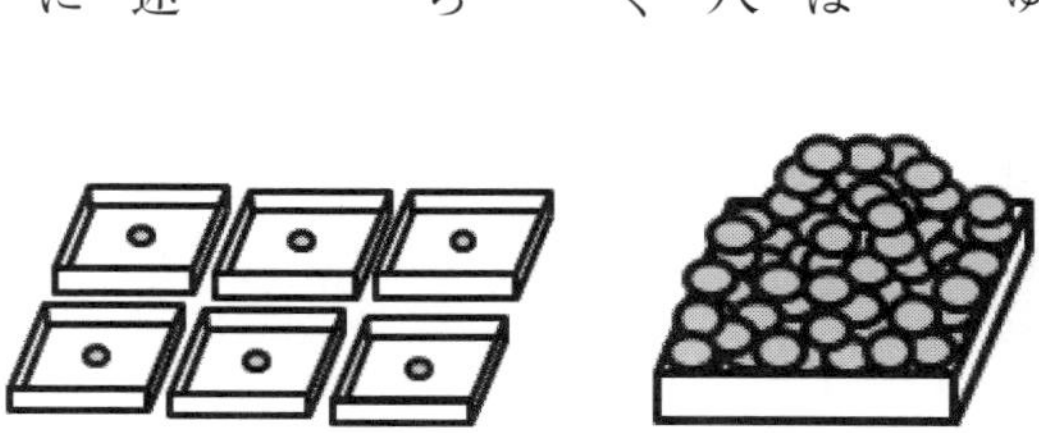

第十一章　幽学のめざした農業システムと生活

■幽学のめざしたもの

幽学は自分の門人である道友には性学の教えに従ってムダなことをなくして能率的に、実りのある農作業や生活を指導した。その底にある考えは器量に応じたモノや時間の有効利用である。幽学は儒学や思想や宗教は人間が生きていくうえでは農業、工業、漁業、林業、商業などの活動を支えるものであるとみていた。それでは幽学が日常の中で何をし、何をめざしていたのかについて残された仕事からみていく。

（1）現場からの視点

彼はものごとの本質を「思う」ではだめで現場を「観る」ことを重要視した。ほんとうの真実は議論の中でなく現場にあることを教えた。そして、実際の事実を確認してから話し合いをした。彼は日常の仕事においても自分たちの認識が現場の事実と異なり、単なる推測でものを観ていないかどうかを注意した。農作業の中でも科学的管理法の原点である「ムダ」を排除し、能率的に農作業をすることを指導している。生活の中でも時間のあるかぎり「縄をない」それを金にかえて一日を有効に送る生活をすすめた。その一方で、飢饉における危機管理に備えて米や稗（ひえ）などの備蓄を指導した。彼は人間が生きて行くうえで百年、二百年先をみすえて農業をおこない、健全な生活を送ることを指導した預言者でもある。

（2）定性から定量化へ

幽学はものごとを言葉のみで定性的に表現しても、それは問題の表面を見ているだけだと信じていた。ものごとは「定性的」に知っていても、「定量的」に分析しないと真実は隠れているとみなしている。定性的に知っているということで、すべを知っているということは錯覚にすぎない。あらゆる物事を定量化しないと隠れた事実はでてこない。幽学の思考の特色はここにあった。二宮尊徳も同じ考えであった。このため、幽学は現場の問題を解決するには定性的にものをみても解決にならないことを教えた。すべての現象を定量化しないと問題のカイゼンや解決ができないことを実際の現場で実証した。

■ムダのない能率的な仕事と生活

幽学のおこなった能率的な仕事の代表的なものには次のようなものがある（飯田傳一「大原幽学の事蹟」）。

（1）早朝の作業と段取作業の効率化

幽学は夏の未明に起きて野原の中や田畑の中で朝草を刈ることをすすめた。これにより一日の仕事の始まりにおいて作業の段取りをすすめ、健康になり、早起きの習慣ができ、夜遊びを辞めることになる。また、刈った草は牛馬の飼料になり、厩の肥料を作り、田畑の肥料にした。

このようにして一日の農作業を能率よく送るために早起きをし、段取作業をおこない農作業の生産性を高めることになった。

（2）日程の計画による時間の有効利用

一年間にわたり一日もムダに過ごさないような年間計画を農民に立案させた。農家にとって時間の余裕のあるのは、米の取入れが終わった晩秋から冬である。この夜長の時間をムダなく送るために男は縄ない、女子は糸を紡ぐことをすすめた。これを丹精縄と丹精糸と呼んだ。何もせずに、ただ時間をムダにすごすのでなく有効に使用することをすすめた。いわゆる正味作業を増やして、ムダな時間をなくすることである。さらに、丹精縄と丹精糸を売却してお金にかえて村の活動の運用資金に用いている。また、冬には農作業はなくなるため、冬の夜に屋根替え、垣根替え、機織りなどをして必要なモノを作り、寒い冬の夜をムダにすごさずに有効に利用している。また、生活の中で余った物は困窮した同志の救済をし、教会の費用にあてた。

農家では毎晩、家族が集まってその日の作業の成績を反省して評価している。さらに、明日の仕事の予定を作成し、作業をする人の役割と作業内容を打ち合わせていた。

（3）縄ない作業と勤勉

幽学は二宮尊徳と同じく労働の大切さを教えている。そして、この時代に農家で行われていた縄ない作業で子供や青年の教育指導を進めている。幽学はつぎのように諭している。「人はまじめな心をもつことである。まじめな心は、子供のときから、まじめな仕事を習うことである、そのためには縄をなうことが一番よい。夜の眠いのをがまんして、一束か二束の縄をなうと自然に労働に励む習慣になる。これはご先祖へも孝行をすることである」と縄なうことで勤労の大切さを教え実践している。毎月、一、二回は各支部の男女の有志が仕事のあいまに縄ないを実行して青年の指導をした。小さなことが積り積もり大きくなるという教えである。これは尊徳の教えである「積小為大」と同じである。

（4）共同作業

幽学は手間のかかる仕事には共同作業を奨励した。農家では屋根普請は労力と費用がかかる仕事である。このような負担の大きな仕事は共同でやることにした。長部村の家は三十戸余りである。屋根の寿命は約三十年である。このため、毎年村の一軒の屋根を葺きかえた。すると作業は三十年に一度の割合で作業がまわってくる。共同作業には各農家から屋根の茅、縄を決められた量と金額だけ持参する。屋根の葺き替え作業は村中で共同でおこなった。作業は各自が弁当を持参し、食事の接待をうけないことにしていた。もし、茅が不足すると無利子で貸し出しをする。後日、自宅の屋根普請のときに返却することになっていた。このように非常に能率的にしかも費用をかけないで屋根の葺き替え作業を共同で行う方法を指導した。

（５）百年先の備えと災害への準備

幽学は目先の利益よりも二十年、五十年先を考えて行動することを教えた。また不時の災難に備えての貯蓄をすすめた。彼は今の家を豊かにするよりも、子供を立派に養育して、道を正しく生きることを教えている。これによってその家が将来にわたって豊かになることを教えた。富は自然と自分の方に寄ってくることを諭した。さらに、収穫を多くしょうと焦るよりも土地を肥やすことに努力すると、自然と多くの収穫は得られることも教えている。目先の利害に心を動かさず、常に百年先を考慮して、不時の災難や子孫の永続のために貯蓄を奨励した。特に幽学は「毎年、雑穀でも貯えておくと、飢饉のときに餓死することはない。これを貯えておかないと餓死する。ただ目先の事のみで判断してはいけない。遁れることができるのに遁れないのは自らまねいた災いである」と将来への備えを指導している。

（6）共同購入制度

幽学は生涯独身で自炊生活をしていた。遠藤家が幽学のために造った草庵で十六年間も自炊生活した。図1のような小さな釜と膳の上にのせられた食器が残っている。台所の戸棚や道具類はムダなく配置されていた。米櫃は3つに区分けし、米・麦・栗の入れる場所を定めて分量に応じて容積を変えていた。来客用の膳・お椀・茶碗・小皿・食器はすべて幽学が購入した。幽学は生活費を節減するために日常使用する品物を共同購入している。共同購入することで値引きができ、費用の節約ができ、ムダな費用がなくなる。また、一括注文すると金額が大きくなるため製品に注文をだすことができる。幽学は現在の一括購入制度をすでに実行していた。一括購入した品物には米櫃（こめびつ）、行燈（あんどん）、お椀（わん）、盆、皿（さら）、お膳（ぜん）等と婦人用の櫛（くし）や枕などがある。茶碗は幽学が独自に考案して壊れないように厚めに作られていた。性学茶碗と呼ばれる壊れにくい形にできている。茶碗には「八」という文字が描かれていた。これは幽学が始めた八石教会の「八」からきたものである。そのほかに食品や衣類・農具・大根種などがあった。この時代は砂糖・醤油・豆腐などの自給生活にも貨幣経済が村のなかで大きな比重を占めていた。農村では幽学の指導の前から、肥粕・補し鰯・塩などの農業をおこなううえで必要なものは一括購入していた（渡辺隆喜「大原幽学とその周辺」）。さらに、渡辺によると「道友相談諸買物控」という道友の一括購入に参加した人の支出を相談する支出相談組合の役目もしていたという。

図1　幽学が使用した釜と食器

（7）性学服と性学笠と扇子

農村の婦人は着物をもっているが着る物がないといわれている。これは婚礼などの儀式にでる礼服は持ちあわせているが、平常着や作業衣はもたないという。幽学は贅沢な衣類でなく実用的で質素なものを着るようにすすめた。彼は衣類については木綿を使用させた。礼服の羽織は紺の紋付、婦人用の礼服は多く木綿小紋の紋付を用い、子供には紺無地の筒袖を着用させた。衣類にも共同購入をして購入費のコストをさげ、実用的な衣類を購入した。また、衣類の注文をするときの煩わしい作業を簡略化した。反物を商人から購入するだけでなく、自給自足のために綿を栽培した。糸は農家の婦人がつむいだ。不足する分だけの綿のみを購入した。衣類の染色は地元でとれる草木で染めた。幽学は農民の仕事着が粗末で実用的でないため、これを強度が強くデザインもすぐれたものにした。これを性学服とよび門人も着用した。彼はなにごとにも実用を重んじ、しかも強度があり長持ちするものを用いた。たとえば幽学は外出のさいには図2のような服装であった。頭には油紙でできて性学笠（道中笠）をかぶっていた。扇子のように折り畳みができ雨にも、暑い日ざしにも使用できるようになっていた。手には大きな性学扇子をもっていた。その大きさは開くと六十センチにもなったこの扇子を開くと横ふりの風雨を防

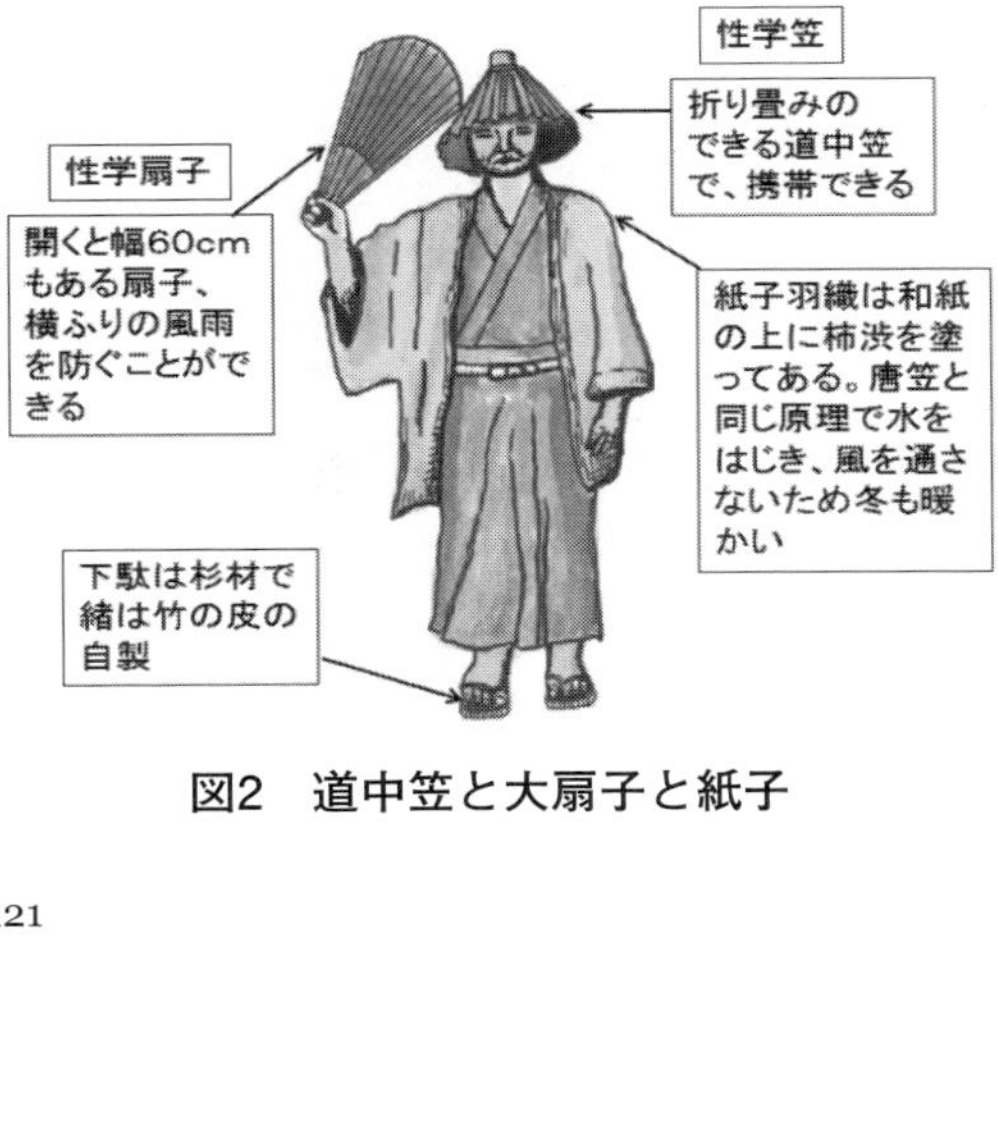

図2　道中笠と大扇子と紙子

ぐことができる。また着物の外には紙でできた紙子羽織を着ていた。紙子羽織は上質な和紙に柿渋を塗って作ったものである。柿渋が塗ってあるために昔の唐笠（からかさ）と同じように防水効果があった。また、風を防ぐことができるため着用すると暖かくなった。幽学は後に江戸に滞在したときも着用して外出していたため、人びとは張子翁とも呼ばれていた。下駄は杉材で緒は竹の皮を用いた。おそらく、漂泊の二十四年間もこのような笠や紙子羽織を着て旅をしていたのであろう。

（8）自給による食生活の改善と献立の年間計画

長部村の農民の食生活は畿内よりもはるかに劣っていた。このため、幽学は食事の調理法や保存食それに調味料の製造方法まで指導した。彼は農家に大豆を作らせ、この大豆から味噌・醤油・豆腐などの作り方を指導した。さらに、味噌や豆腐のおいしい作り方を教えた。塩・大豆・米の配合を工夫し、味噌の中に漬瓜を入れて漬物にした。幽学は二毛作を始め、菜種を栽培して油をとり、ゴマを栽培してゴマあえやまんじゅうの中に入れた。たんぱく質をとるために干し魚などを食べさせた。主食は米・麦・粟の三つを混ぜたものを主食にしていた。農家では祝い事でもありあわせの料理で客をもてなした。祝いのあるときは幽学が指導して餅をつくらせた。彼は村の祭礼でもありあわせの材料で料理することにしていた。さらに、一年にわたり、農家の年中行事とあわせて何月何日の行事には何を食べるという献立計画をたてさせた。まさに計画による能率的な生活を送るための手順を教えた。

■能率的な農作業の指導

●合議制度による問題解決

幽学は村の中で問題となっていることへの解決策を出すにあたって、「突合せ」の方法という、「合議制度」を用いた。村の会議では何事もすべて「合議制」で決定している。農事や共同作業もすべて突合せして決定した。突合せ、すなわち合議制は3つの会議から構成されていた。その方法は、

（1）大前夜：全体会議のことで、現在の総会である、それぞれが意見を述べて原案を提出することである。しかし、幽学は自ら原案を出さず、それぞれが意見を述べて、幽学がその判断をした。いわゆる下からの持ち上げである。

（2）中前夜：大前夜で採用された議案を協議する、一種の代表者会議である。ここではいろいろな意見を出してそれを議論し、内容をより細かく検討した。

（3）小前夜：小人数の執行部の役員による会議であり、ここでは少人数で議論して最終的に可決してから実行にうつされる。

（4）頭集会：最高幹部会で二、三人の首脳による会議である。

会議の役員は幽学が選んでおり、決定事項は道友の間で実行された。なお、前夜とは前日の夜に会議を召集したからだという（飯田）。会議の内容はわからないが「前夜」という名前で「大中小前夜」「大中小総前夜」「惣前夜」も開かれた。

■整理・整頓・清掃・清潔・躾と見える化による生活の簡素化

トヨタカンバン方式を考えた大野耐一は「要らないものを処分するのが整理であり、欲しいものがいつでも取り出せることを整頓という。ただきちんと並べるだけなのは整列であって、現場の管理は整理整頓でなければいけない」と整理と整頓の違いを指摘している（大野耐一「現場経営」）。幽学はトヨタが始めたカンバン方式の基本になる「整理・整頓・清掃・清掃」の4Sと同じことを教育し実

行した。彼はつぎのようなことを指導している。

（1）「屋内における道具の整頓をし、農具の置き場を一定にし、衣服や手ぬぐい掛や下駄や草履の置き場を決まった場所にしておく。これを定めておくと闇夜に灯火がなくても、手さぐりで簡単に取り出せるようにしておく。このため乱雑に置いてはならない」。

（2）整理・整頓とともに現在のトヨタ生産方式の「見える化」を始めている。農具の置き場を一定にして、衣服や手ぬぐい掛や下駄や草履の置き場を決めておくと、外から「見える」ことにより泥で汚れていないか、洗う必要はないかなどが瞬時に判断できる。このような方法でムダな時間を無くし、作業の段取り時間を短縮し、仕事をスムーズに進めることができる。

（3）さらに、「庭内の整頓に注意し、井戸・便所・ゴミ捨て場等の位置は相当の距離を保ち、常に掃除をおこなう。余りの土地には果樹園を栽培し、分相応に観賞用の植物を植え、朝夕に心を慰めるようにする」と指示している。これは先にあげた清掃をして清潔にするという大野のカンバン方式の基本と同じである。同時に果樹を栽培して、観賞用の植物を植えて人間の心にゆとりを持たせるような配慮をした。

■農事暦の採用による科学的な作業計画

長部村の先祖株組合が村ぐるみで組織が完成したときから、幽学はつぎの仕事に取り組んでいった。彼が取り組んだのは畿内で学んだ先端の農事暦による農作業を房総に紹介することであった。農事歴とは全国一律の頒暦とちがい、各地方の事情にしたがって年間の農事工程を組織した生産暦である。農民はこれを基準にして年間の農事工程を配分して農村独特の年間行事を記入したものである（杉本勲「近世実学史の研究」）。幽学が房総地方の遅れた農作業を能率的におこなうために、農事暦と仕事の割り振りと作業工程を導入した。これまで無計画でその場しのぎの農作業を計画的に効率的におこなう方法に変えた。当時の農事暦は①月ごとの農事を列挙したもの、②各作物ごとにその栽培工程を記入したもの、③各月の祭事・祝辞を農事にまじえて配分したものが存在していた。

■年間日程計画による行事予定と段取り（年中仕業割並日記控）

幽学は現在の生産工場で使用されている日程計画表と同じことを農作業に利用した。これにより農作業の年間スケジュールの農事暦を立てさせた。さらに「農業全書」等の農書で学んだことや畿内の進んだ農業技術から年間の農業指導をしている。遠藤家には幽学が指導した「仕事割控」という資料が残っている。そこには細かい年間の農作業の予定が書かれている。幽学は一年間の仕事割を道友に相談して決めている。この時代には宮崎安貞の「農業全書」が広く読まれていた。そこには「稲にかぎらず草の類は節気に先立ちて生ずる物なるゆへ、時にをくるるに損あり」と書かれている。ところが遠藤家は幽学がくるまでは一か月も遅れて田植をしていた。これを幽学の指導で農業作業のすべての日程を繰り上げた。そのためには、何月何日までに何の仕事をし、仕事の手回しをよくしておくことを作業日記のなかに記入することになった。ムダがないように作業するために、家族一同が毎夜相談して作業の打ち合わせをしている。そして、翌日の仕事をきめて、手順よくムダなく仕事をすることを教えている。このように農事暦を利用して年間の時候を選び、その地域にあった気候により蒔物や植付け等を決めている。春になると春の仕事の段取りをする。段取作業は科学的管理法を採用している現在の生産企業で採用している日程計画にそうとうするものである。月ごとに毎日どのような作業をするかの作業計画である。これを一年間にわたり毎日の計画を作成させた。彼は農民が五月と秋のわずか、十日か二十日の働きで貧しくなるか、豊かになるかが決まることを教えた。

■定量化による作業工数の見積もり（仕事割控）

幽学は農民に年間の農事暦による農作業の工程分析をして、それに必要な作業工数の見積もりをすることを教えた。彼はこれまでの経験と勘をなくして定量的に仕事を分析して、農作業に必要な工数を計算している。いわゆるものごとを定量化することで問題が解決することを教えている。表1はこの例であり、これを「仕事割控」と呼ばれ耕作規模とその作業に必要な人数の工数を計算したものである。たとえば家族全員で働ける五人について作業分担を決めている。そして、一年間の労働量に応じた作業工数を見積もっている。表1は作業工程別に農作業を行う上で必要な工数の一部である。田の面積の一町八反七畝（〇・〇一八五四平方キロメートル）、畑七反六畝（〇・〇二五七平方キロメートル）における作業工数を細かく書き出している（杉本）。これは大畑才蔵と同じことを指導している。遠藤家では二町八反三畝（〇・〇二八〇平方キロメートル）でそのほかに八反（七九二〇平方メートル）の採草地の耕作地に対する作業工程の分析と工数見積もりを

表1　農作業の工数見積

作業工程	工数（人・日）
苗代の生産作業	5人で3日かかるために工数は5人×3日＝15（人・日）
土肥おろし（田に肥料を入れる）	5人で2日かかるために工数は5人×2日＝10（人・日）
種子蒔	5人で2日かかるために工数は5人×2日＝10（人・日）
大豆蒔き作業	5人で3日かかるために工数は5人×3日＝15（人・日）
麦刈	5人で1日かかるために工数は5人×1日＝5（人・日）
田植	5人で17日かかるために工数は5人×17日＝85（人・日）

している。まさに科学的管理法そのものである。

■稲苗の正条植（せいじょううえ）の導入

現在ではあたりまえの風景であるが、田に苗を植えるのに図3のように縦と横の寸法は一定間隔で植えられている。これを正条植（せいじょううえ）という。しかし、江戸時代にはこのような田植はなされていなかった。この時代の苗はヤタラ植え、サンザン植え、カッテ植えや円を描くように過去の経験から植えたりする乱雑植えと呼ばれる作業方法が広くいきわたっていた。これは苗を植えるのに昔からのしきたりや仕事がやり易いように適当な目分で植えていたものである。正条植は江戸時代では畿内などの西日本のごく一部の地域で行われていた。その他の大部分の土地ではおこなわれていなかった（石垣悟「日本の民俗：4食と農」）。乱雑植という方法から正条植に変わったのは明治以降である。それも政府が命令をだして強制的に正条植に変えさせた。しかし、乱雑植を正条植に変えるのに農民から大きな抵抗が起きていた。人間は従来の手順でやっていた方法を変えるには大変な抵抗がある。

■乱雑植から正条植への移行

明治後期から大正期にかけて農民が正条植に移ったの

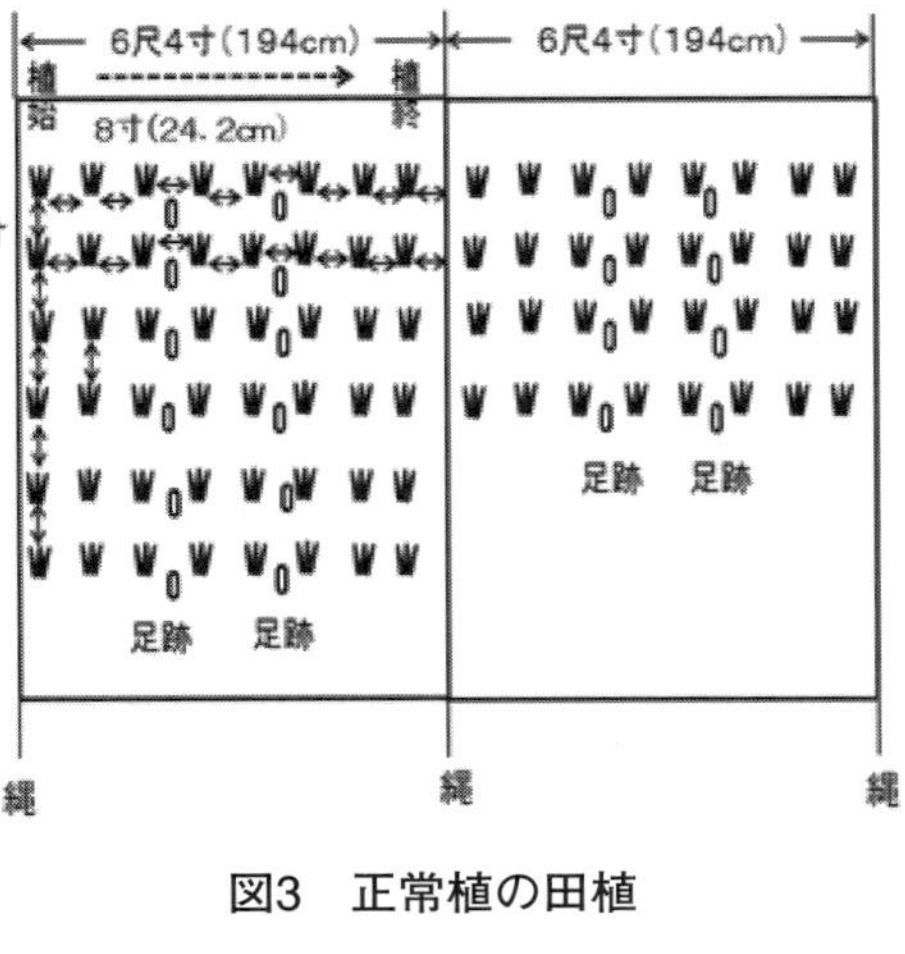

図3　正常植の田植

は回転式中耕除草器（ちゅうこうじょそうき）の登場からである。これは鉄製の爪を多角形のコマにらせん状に取り付けた除草器である。コマにつけられた爪が回転して草を土の中に押し込むものである（石垣）。草を取るのに稲が乱雑に植えてあると除草器が使用できない。しかし、正条植であると手押しの除草器が等間隔に植えられた稲の間の草を抜きながら移動できる。正条植をすると空気の流通がよくなり、日光も均等にあたり、稲の茎を強くし、害虫にもかかりにくい。さらに、草取り作業で「草取りツメ」という農具が使用でき生産性が高くなるという利点をもっている。江戸時代の農民にも正条植をすると出来高が増加することは経験的には知られていた。しかし、農民は乱雑植を正条植に変えるだけの労力により、どれだけの効果がでるのか理解できなかった。幽学はその効果を知っていたため耕地整理とあわせて正条植を実行している。二宮尊徳も正条植を導入している。尊徳は二四歳と三五歳のときに伊勢参宮のおりに畿内を視察して研究したものであろう。また彼は高野山も訪れている。尊徳の教えを守った報徳社（静岡県掛川市）が田に縄を張って正条植をおこなっていた。これらは、全国的にはごく一部の地域であった。さきに述べたように正条植が全国的にいきわたったのは明治期以降である。

■幽学の指導した田植えの標準作業

幽学の指導した田植は図3のように六尺四寸（1・94m）おきに縄を張る。その縄を基準にして図4のように左足を左から3番目と4番目の苗に置き、右足を左から5番目と6番目の苗の間に置く。苗は左端の「植始」と書いた場所から右の方向に順番に腰をかがめて「植終」まで植えていく。このときの苗は左右・前後に八寸（24．2cm）間隔に植えていく。これが「正条植」という田植であ

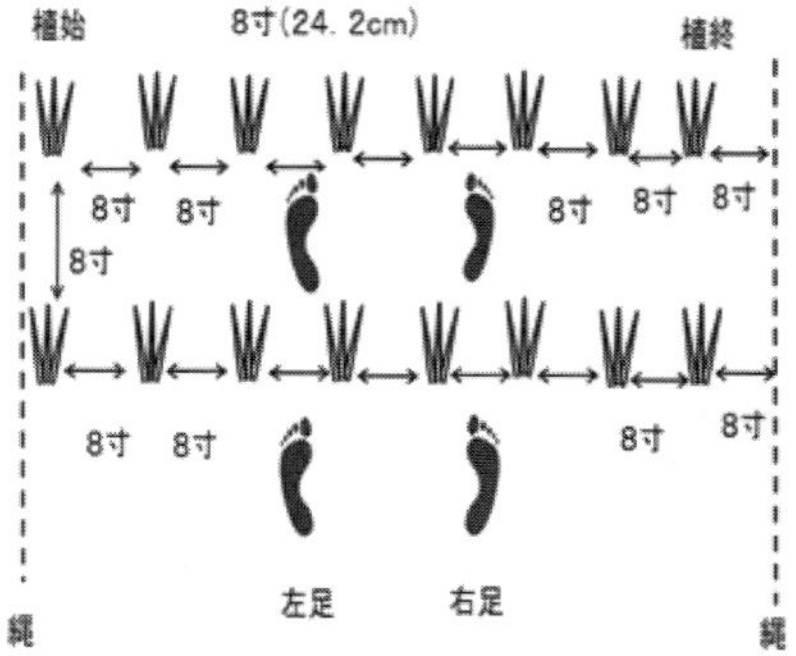

図4　正常植の田植作業

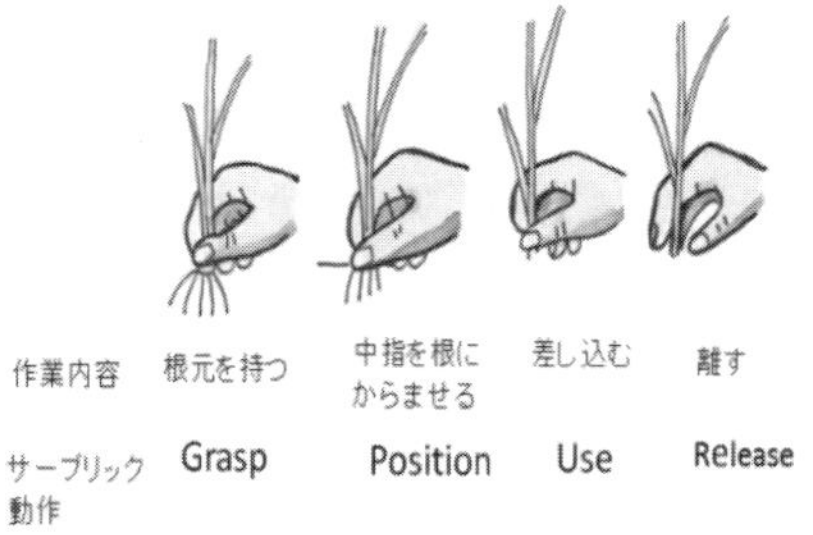

図5　田植えの動作分析

る。足跡が乱れるのは苗を地面に植えるときに体の重心位置が定まらないためであると教えている。幽学は田植作業を両手、足などの身体部位の動きを細かく分析して指導している。これは科学的管理法の研究者のギルブレス夫婦が研究した「サーブリック分析」といわれるものと同じである。ギルブレス夫婦（一八六八―一九二四）は人間が手を用いておこなう基本的動作要素（これをサーブリックとよぶ）は十八種類からできていることを明らかにした。これをサーブリックと呼んだ。人間のおこなう最小動作の分析法である。幽学は人間のおこなう最小動作の分析を利用して田植え作業で用いる手の動きを指導している。「幽学全集」附録小伝の著者高木千次郎は苗の植え方についてこまく記録を残している。徳川時代にここまで詳細に右手と左手を用いた農作業の手順を指導していたのは幽学だけである。幽学は苗を地面にさす深さは土質により異なるが、風に倒れないような程度で浅植えするほうがよいと教えている。図5は幽学の指導した苗を地面に挿入するときの指の動きをサーブリックと指の形の一部を描いたものである。幽学は一歩（三十坪）に四十株を植えている。これが元禄時代の東海地区では三十坪に上田で八十一株、中田で百株とあり、東北地区では粗植（あらうえ）は百株で、百二十株が中植、百四十三株を密株と呼んでいた（中井）。幽学の四十株は粗植（あらうえ）になる。幽学は関東に正条植と粗植を持ち込んで農業の生産性を大幅に伸ばしている。

■田植えの標準作業の練習

幽学は漂泊の旅の中で畿内地方の進んだ農業技術を身につけていた。それは漂泊の人生で生きていくうえで必要な技能でもあった。宿泊所もままならないときには農家にお世話になり、そのお礼に野良作業も手伝っていた。二十四年の漂泊の旅ではなんども田植えを経験している。そして、畿内地方の進んだ田植え技術を関東地方にもちこんでいる。天保十一年（一八四〇）には房総の長部村など三ケ村を訪問しながら田植えを指導している。このときの日記には「三日より二十七日まで毎日村々の田植を指南する」と書かれている。さらに天保十四年五月には「先生、田植御伝授、尤もこ分れより毎日、まいにち七つ時（午前四時）より道友集まり稽古」と四時から田植えの練習をしている。十八日には幽学は「良左衛門の後の田まで、先生は出て行かれ田植を稽古した」とある。そして、「初めは苗を返す気なく、自然と手を通はせる張合いにて、返へる味を習うべし」と教えている。すなわち苗を植えるには、苗にのみ集中せず、リズムをとって自然と両手の組み合わせで地面に植えることを教えている。幽学は慣れるまで何度も練習を繰り返している。まさに科学的管理法の中の作業工学でいう作業習熟である。幽学は平日にも門人を集めて庭に植える竜のひげで田植えの練習をしていた。標準作業による田植は生産性を高めるだけでなく、作業にともなう疲労を軽減することができる。

■土壌の識別と肥料の設計

●肥料と土質改良

幽学は大畑才蔵のような農民でないため細かい記録は残していない。才蔵は肥料について細かく書き残している。たとえば肥料についてつぎのように教えている、「稲の肥料は山の下刈りを十分におこなうと、病害もつかずよく生育し収量も多い。干しいわしは田の植え付けのときに施してよい。植え付けた後に施すと病害虫に冒される」。幽学は畿内のすぐれた農業技術を房総の地に採用している。その例として、土壌の改良にも力を注いでいる。彼の土地の改良は大畑才蔵の書いた「地方の聞書」の知識を発展させたものである。才蔵は土地の善し悪しと手入れの仕方についてつぎのように書き残している。「田畑にどの作物の種を播くかを決めるためには、その土地の気候や日光の当たりかた、風の方向、土は砂土か粘土かの性質や、土の深浅などで決めなければならない。土地により作物に適さないことで不作になることがある。毎年、同じ土地に同じ作物を作ると不作になることがある」と教えている。そして、具体的に「土地の上等とは南向きで四方の風がよく通り朝日が早く当たる。中等の土地は東や西から日がよくあたり、東西に風がよく通る。下等の土地は北向きで四方から風とおしが悪い場所である」としている。さらに土地の内容を「上等の土地は床土がしまり耕す土が七、八寸もあって、砂が混じりさらさらしている」と土の性質を細かく書き残している。幽学もこの教えを村人に指導している。彼は客土を田畑に入れることを農民にすすめている。肥料については才蔵のつぎのような教えを指導している。「田の肥は多い少ないにはよらない、能く土を和させることである。その和させようとする田にはひたる物がよし。畑には水っぽい物がよし。その時と入れようを能く修行すべきである」。

■土壌の改良と肥料の設計

幽学は「米や穀物をたくさん収穫することを望まずに、土壌の改良、肥料の入れ方に時間をかけておこなうと自然に米や穀物の収穫は上がる」と教えている。そして、肥料は多いか少ないは関係なく、よく土壌と混合することの大切さを門人に指導した。彼の肥料の特色は自給肥料を重んじ、堆肥の肥料の製法を指導している。幽学が来るまで、この地方は草などの緑肥を多く使用していた。幽学は落ち葉、わらくず、草履の切れはしを利用して堆肥をつくった。この地方でおこなわれていた従来の緑肥や土肥の方法では効果がでないことも教えている。また、屋敷のまわりの草を土をかけて刈って干して肥料にする方法なども指導している。幽学はこの時代の畿内などの進んだ農業地帯では購入肥料が中心であることを知っていた。購入肥料は稲の生育を促進し、米の品質を高める効果があった。幕末には農作物の生産性を高めるために購入肥料がでまわるようになった。いわゆる商業的な農業生産の時代に入っていた。しかし、金がかかるという問題がある。ところが、房総地区は九十九里浜や銚子に近い。このため、多量に水揚げされる魚から、干した鰯（いわし）や〆粕（しめかす）を生産し、これを用いて自給肥料を生産することを奨励した。その効果は大きかった。さらに、畿内の田植は正条植えで、農業は二毛作が行われていた。幽学は一毛作であった田畑に小麦を植え、油菜を栽培して二毛作にした。

■現場から定量的にものごとを観る

●定性化から定量化への動き

先に述べたように、幽学はすべてのことを定量的に分析している。彼は家庭でも農業の仕事でもすべて定量的に仕事をすすめることを教えた。ものごとを言葉のみで定性的に表現しても、それは問題の表面を見ているだけだと信じていた。ものごとは「定性的」に知っていても、「定量的」に分析しないと真実は隠れているとみなしている。あらゆる物事を定量化しないと隠れた事実はでてこない。二宮尊徳も幽学もその思考の特色はここにあった。幽学は現場の問題を解決するには定性的にものをみても解決にならないことを農民に教えた。すべての現象を定量化しないと問題が解決できないことを実際の現場で実証した。彼は科学的管理法で計画をもって農業をすすめた。すでに述べた農事歴の採用や作業工数の見積もりなどがその一例である。計画的に作業をおこなうと農民は五月と秋とのわずか一〇日から二〇日の働きで、富む者と貧しくなるものの差が出ることを教えた。

■農業の分相応（標準量）

農事暦にそって十分に準備して植え時をまち、秋は稲刈り、その日には株を刈り、計画をもって耕した。一町（九九〇〇平方メートル）作る分相応（標準量）のところを一町二反（一一八八〇平方メートル）も一町三反（一二八七〇平方メートル）も作るのは無駄であるとみた。その理由はいくら収穫が増えても年貢が増え、肥料の問題から地面が荒れて作業への負担が多くなり、生産性が低下するためである。標準作業量を重要とみなして、強欲をだしてはいけないと注意している。農作業の実績量を記録にとり、一年間の計画をたてさせた。仕事の割振りは家族の人員により、作付段別をきめた。標準工数は一人当たり田三反（二九七〇平方メートル）、畑二反（一九八〇平方メートル）であった。このため、標準工数は反当たりの労力は田一反（九九〇平方メートル）歩あたり二五人手間、畑一反

（九九〇平方メートル）歩あたり三五人手間であった。そして、一人当たりの年間労働日数とその他の行事日数の基準を計算している。田三反（二九七三平方メートル）で七五人手間で七五日、畑二反歩七〇人手間で七〇日となる。一年三六〇日の中での労働日数は一四五日になる。その他の仕事はつぎのように計画をたてている。山仕事十五日、家出する業務として、俵あみ、縄ない、米つき、麦つき、縫い物などが六〇日、その他の冠婚葬祭などが五〇日、性学の講義日が五〇日、残りの四〇日が休養である。遠藤家に残る仕事の割り振りをきめた仕事割帳にはすべての作業の動員工数を割り出している。内容は極めて綿密な計画がたてられ実行されていた。田草かきでは標準作業量は一人分で五畝（五百平方メートル）、一番廻りとして苗をうえてから十五日までを定法、二番廻り一〇日目、三番廻り植えてから三〇日までを定法とした。彼は家の建築でも家の収入に応じて大前（三〇石以上で甲と乙に分け）、中前（三〇石以下で一〇石まで）、小前（一〇石以下）の三通りに分けて設計している。

■定量的に観ないと真実は隠れている

われわれは幽学のように現場から現象を定量的に見ることを習慣づけることが大切である。彼は一年間の作業計画をたてて作業に応じた家族の作業工数求めている。そして、役割分担をもって全員が働いている。彼は家庭内でも農村でもすべての現場をみて定量的にものごとを把握していた。話が変わるが工学的にものごと見ることで定評のある経済評論家の長谷川慶太郎は平和ボケしている日本人に警鐘をならしている。日本人は現場からの視点と定量的にものが見えなくなっていると警告をだしている。そのいい例がマスコミ人や新聞記者などの文系の現場を知らない人である。長谷川はオイルショックのとき一九七三年と一九七九年に航行しているタンカーの数から石油は不足していないことを予言して世間を驚かせた。さらに、イラク戦争での戦争開始時期を天気図から予測して的中させた。この人はマスコミ人や評論家と異なり現場の問題を定量的に分析している。そして集めた事実を論理的に組み立てている。あるとき、長谷川が大手銀行の経済研究所長とイラク戦争での対談をもった。所長が「イラク軍はクエート全体を「要塞化」していますよ。そこへ多国籍軍が殴りこんだらベトナム戦争の二の舞だ」と答えている。これにたいして長谷川は「イラク軍はどの程度の鋼材を生産しているかご存知ですか。サモワに年間三十トン（新日鉄住金は年間約五百万トン）のキャパシテイを持つ製鋼所が一カ所しかありません。その程度の鋼材でイラク軍がクエートを「要塞化」できるとお考えですか。そんなことは絶対にありえません」（長谷川慶太郎「平和ボケした日本人のための戦争論」）。長谷川の言うとおり、現場で働かない人は定量化が不得手な人が多い。このため、物事の本質が理解できない人がいる。言葉でごまかすか、ごまかされている。

■現実の見えない文化人や役人

第二次世界大戦でナチス・ドイツが大西洋の沿岸に築いた「大西洋防壁」は日本軍が築いた硫黄島やペリリウ島の陣地とは比較にならない大きさの規模であった。生コンクリートが二七〇〇万立米（六二一〇万トン）、鋼材は英国南岸の北フランスの重要な地区には一四〇万トンで労働力はドイツ人労働者、外国人労働者、占領地のフランス人労働者一三四万人、占領地の奴隷労働者四〇〇万人が動員可能であった（広田厚司「大西洋防壁」）。このように、捕虜となった者を労働力として動員できたために巨大な大西洋防壁が建設できたのである。コンクリート壁の厚さが七メートルもあるUボート基地のブンカー建設でも占領地フランスから捕虜が何一〇万人も動員された。クエートやイラクの人口数から動員できる労働者数は限られてくる。限られた労働力でクエートの「要塞化」などできないことは明らかである。新聞記者やマスコミ人それに官僚や政治家などの現場を見ない文系思考の人は定性的なものの見方しかできない。このような人は現場に行っても本質を見ていない。新聞やテレビで報じられる情報は正確な判断がなされていない。正確な判断には日ごろから現場に出てものごとを定量的に調べて見ることである。戦争で敵に降伏して捕虜になるとその民族の二〇歳から三〇歳の男子は戦争の最前線に立たされて最初に殺されることになる。降伏をすると兵士や住民は奴隷にされる。兵士は戦闘の最前列に追いやるのがローマ帝国・モンゴル帝国・オスマン帝国などあらゆる征服王朝が利用してきたのが歴史の事実である。四〇歳以上の高齢者は労働力として後方基地の建設や補給作業のための消耗品として利用されるだけである。

第十二章　システム思考をした大原幽学

■農村をシステムとみた幽学のビジネスモデル

幽学の思考の最大の特徴はこの時代に「システム」という工学の思考を利用して、それを農業・農地と農村問題の解決に利用したことである。彼の思考方法は日本人離れしている。日本には明治維新まで科学・工学・医学という学問は自前では生まれなかった。月や星や太陽をみてもガリレイやコペルニクスやニュートンは生まれなかった。江戸時代の偉大な儒学者の荻生徂徠は言う「風雨雷雨のような天地の現象は人智の及ばざるところで、雷は雷にてさし置かれるべき候」。すなわち、雷は雷としてそのままにしておくべきで、人智を超えたものであるとあきらめている。ここに日本人の思考の限界がでている。明治維新で西欧からはじめて科学・工学・医学を学んだ。科学技術者は欧米から多くの思考法を学び、実験や思考を繰り返し、新しく進歩させノーベル賞や優れた工業製品を世界中にだしてきた。明治維新からわずか二七年後に豊田佐吉は自動織機を発明し、二八年後に国産の機関車を製造し、アメリカ海軍を驚かせた九三式酸素魚雷は六五年後で、機動部隊の旗艦であった空母赤城は五七年後に進水している。あの世界最大の戦艦大和・武蔵は七二年後である。ものすごい開発速度と製造速度である。これらの分野の研究者や技術者は死にもの狂いで西欧に追いつく努力をし、今もしている。ところが科学・工学と同じように江戸時代にシステムという思考は日本には生まれてこなかった。唯一の例外が空海である。幽学は高野山で空海の教えからシステムの考えを知った。ところでシステムとはＪＩＳの定義に「多数の構成要素が有機的な秩序を保ち、同一目的にむかつて行動するもの」とある。この思想は後に述べる空海が提言した「六大体大説」であり、マンダラでもある。

■システム思考による農村全体の復興

　農村を構成しているのは「人・物・金・情報」である。農村をシステムとしてみると一軒一軒の農家という構成要素が互いに関係をもって米を作り年貢を納めという目的がある。農村においては、農民という「人」が米、麦、野菜などの「物」を作る。このために野良仕事での種まきの時期や稲刈りの時期、肥料の投与法などの「情報」の流れがある。このときかならず「金」の動きも出てくる。幽学はいわゆる「人・物・金・情報」を能率よく動かすことで村全体を豊かになることを知っていた。村全体を改善しないと農業の生産性を向上はできないと見ていた。収穫された「物」は収穫高として「金」に変わり、農民の収入としてつぎの農作業に投資する。そして、農村が豊かな生活ができることを目的にしている。幽学は空海のマンダラの教え学び、高い視点から広い範囲から農村をみていた。それぞれの百姓とその家族をシステムの「構成要素」としてとらえた。この農家が集まって大きな村という農村システムになるとみていた。困窮した農村を繁栄させるには一軒一軒の農家の繁栄をはかるとともに、農民が団結して農村全体が一つのシステムとして生きることを指導した。その代表的な例が先祖株組合であり農村全体を根本から変える耕地整理や住居移転などにもあらわれている。このような規模の大きな農村全体を根本から変革するような考えは当時の人には思いつかない。幽学の描いた農村システムでは一軒一軒の農家がバラバラでは生きていけないことを教えた。農民が団結して生きるしか方法はなかった。そのために、彼は「システム思考」により農村全体の改善を実現し、科学的管理法により農家の生産性を向上させ、性学による人としての生き方を指導した。

■六大体大説（六大縁起）とマンダラから学んだシステム思考

●六大体大説からのシステム思考

江戸時代に生きた幽学はどこでこのようなシステム思考を学んだのだろうか。それは彼が高野山で修業した真言密教からである。真言密教でもっともたいせつなのが空海のとなえた六大体大説であり曼荼羅（マンダラ）である。マンダラとシステムの関係を明らかにする前に密教の中で空海の唱えた「六大体大説」について述べてみる。六大とは「六つの根本的なるもの」として、宇宙万物は、地・水・火・風・空・識の六個の元素からできているとする考えである（金岡秀友「密教の哲学」、松永有慶「密教・コスモスとマンダラ」）。このなかで地・水・火・風・空は五大ともいい「色法（しきほう）」といい「物資」のことをあらわす。そして、最後の識は「心法」

といい精神すなわち情報を意味する。これらが相互に関連してあいながらこの世界や宇宙を構成しているとみている。まさに宇宙システムである。これはインド人のなかで生まれた仏教哲学からきている。このなかで「地」は万物が備えている特質であり、ものを保持する能力でもあり、不変のものである。「水」は湿的な液体の要素をもつもので万物を清め、流れを制御する働きをする。「火」は暖めて、成熟させる意味をもち、上昇し万物を浄化し熟成する働きをする。「風」は動きや活動を意味して、万物を成長させ、大きく拡大する働きをする。「空」は空間をあらわし、万物を納め、無限の可能性をもち、包容力である。ここまでを五大説（縁起）という。図1は空・風・火・水・地を描いたよく見る古い墓石である。地面から順番に地・水・火・風・空と刻まれた石が積まれている。そして、六大体大説（縁起）とはこの五大説（縁起）に「識」という「心法」が加わったものである。「識」とは知恵や知能や情報のことで地・水・火・風・空を相互に関連させる働きを指示する。このとき、「物質」を離れては「識」という知恵や情報は存在しないとみなす。同じように「識」という知恵と情報を離れて他の五大は無い。幽学の考えた農村における六大体大説（縁起）とは農村を構成している「地・水・火・風・空・識」のことである。「地」が田畑・あぜ道であり、「水」が池・川・堰・井戸であり、「風」が鍬、鋤、薪であり、「空」が農家・蔵であり、「火」が竈（かまど）や囲炉裏でありお金である。これらをすべて関連させて農村を動かすのが「識」という情報である。これによってシステムが構成され、その成果が収穫した米・麦・野菜・穀物である（唐頤「曼荼羅」陝西師範大学）。困窮

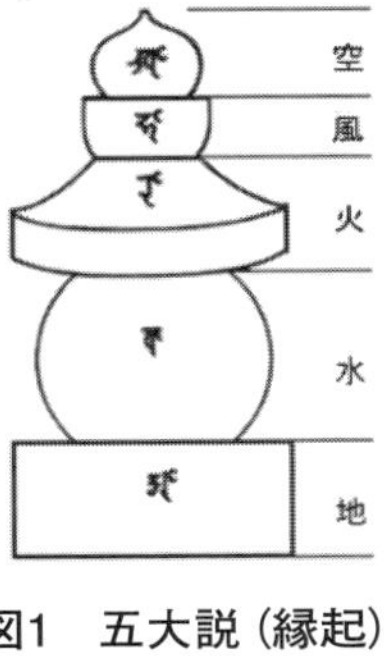

図1　五大説（縁起）

する農村を復興する「目的」は米・麦・野菜・穀物の生産性を向上させることである。しかし、六大体大説（縁起）はシステムを構成する要素を述べたもので、これだけではシステムは動かない。システムの動きを説明しているのがマンダラである。

■困窮した農村をたてなおしたマンダラというシステム思考

幽学が六大体大説（縁起）とともに高野山で学んだマンダラこそがシステム思考の原点である（浜田隆「曼荼羅の世界」）。マンダラ（曼荼羅）はサンスクリットのマンダラの音写語である。その意味は本質とか真髄といわれ、「本質を有するもの」という。曼荼羅（マンダラ）が世界で最初のシステムであると工学的に分析したのが東京大学工学部の渡辺茂教授である（渡辺茂（「システム工学とは何か」）。教授によるとマンダラは人間の考えだした最高のシステムであると指摘している。しかし、空海はすでに千二百前に六大体大説により万物と宇宙を構成する要素と人々の悩み苦しみを救う仏の慈悲の関係を示すマンダラこそが宇宙を構成するシステムとみていた。真言宗の寺院にはかならずマンダラがかけてある。マンダラには二つあり、金剛界マンダラ（こんごうかいまんだら）と胎蔵界マンダラ（たいぞうかいまんだら）である。システムは複数の要素が有機的につながってまとまりをもつものでマンダラはまさにその代表である。マンダラの中にはいろいろな仏がシステムを構成する要素として描かれている。渡辺教授は「仏教がシステムである何よりも証拠は、他の宗教に類例をみないあの莫大な量の経文の、それぞれの主張をお互いに関連させて展開している」としている。すなわち「経文」という「要素」が個別に関連して「システム」を構成しているというのである。

■現在のシステム論とマンダラのねらい

現代のシステム論によるとシステムはある「目的」を持っている。その目的を達成するために、システムを構成する「要素」からできている。「要素」は何らかの関係や配置からなる「構造」からできている。また要素は何らかの働きをする「機能」をもっており、この機能が集まってシステム全体の働きである「機能」になる。システムが動くには外部から何らかの資源やエネルギーを「入力」して「処理」をする必要がある。これにより成果として米・麦・野菜などが「出力」として出てくる。もし、「出力」が目的に合わない時は再び、「入力」の値を変える。これを「フィードバック（帰還）」と呼ぶ。このようにシステムは目的、要素とその機能、構造、入力、出力と帰還（フィードバック）からできている。農村といわれる集落を農村システムと呼ぶと、このシステムの「機能」は収穫量を増やすという「目的」を持っている。農村は農家や田畑・井戸・あぜ道・水源・肥料・農具などの「要素」から構成されている。これら「機能」は互いに関連して村という「構造」を作り上げ、村の「機能」を発揮している。「入力」は農産を収穫するためのもので田に苗を植え、肥料と水入るという「処理」をする。収穫量が「出力」になる。収穫量が低いとき翌年には再び、別の材料や肥料を「入力」する。これが「フィードバック」になる。村の機能はこれらの働きをすることである。ところがこれだけでは荒廃した農村の復興出来ない。大切なのは農民が互いに助け合いながら働く心の問題である。これまでのシステム論ではマンダラで教える二つの心が欠けていた。マンダラで教えるシステムでの目的は人々に（一）「**菩提心**（ぼだいしん）」と（二）「**大悲心**（だいひしん）」を悟ってもらうことである（小峰弥彦「曼荼羅の見方」）。（一）「**菩提心**（ぼだいしん）」とは悟りの心境を表わし、理想の世界である。幽学が描いた農村での理想の世界である。(二)「**大悲心**(だいひしん)」とは他人を思いやる心である。この理想の農村を実現するには自分のことだけを考える我欲をもっていては実現できない。他人を思いやる「大悲心」が必要になる。この心が人と人との間で成り立っことでマンダラの世界、すなわち幽学の考えた農村のシステムが実現できる。

■**マンダラ・システムの構成**

マンダラはシステムとして多くの仏の要素の集合体である。マンダラのようなシステムを構成する個々の要素は空間と領域と場所をもっている。広がりをもち、ある規則をもって配置されている。これらがシステムの「目的」にむかってそれぞれの「要素」が「機能」をはたすことになる。システムを構成する個々の要素は見えるが、「機能」という働きは「観る」ことは難しい。その「機能」を実現するのが「手段」である。豊かな農村システムの実現にむけて「処理や手段」を用いてシステム設計をしなければならない。ところでマンダラには「**胎蔵界マンダラ**」(たいぞうかい)と「**金剛界マンダラ**」(こんごうかい)がある。金剛界マンダラは智のマンダラと言われるように、大日如来(だいにちにょらい)の智恵の働きと、それに基づく悟りの世界を絵図で示したものである。精神界をシステム化したものでもある。しかし、ここでは金剛界マンダラの説明は省略して「**胎蔵界マンダラ**」(たいぞうかい)を中心にしてシステムを考えてみる。

■「**胎蔵界**(**たいぞうかいマンダラ**)」

「胎蔵界マンダラ」(たいぞうかい)は如来(にょらい)の知恵のことである。無知や迷いをとりのぞき、現実世界に流れている普遍的な理法のことである。このマンダラは母親が胎児を慈しみ育てるように、仏が大悲（だいひ）の徳をもってわれわれ衆生の心の中にそなわっている仏性（菩提心：ぼだいしん）を育ててくれるシステムを示したものである。胎蔵界マンダラの「目的と機能」は池の中の蓮の種が芽をだし、華が開いて、実を結ぶように、悟りの境地に導いてくれる悟りまでの流れを絵図で描いたものである（小林暢善）。図2は胎蔵界マンダラである。大枠の中の四角形で一番から十二番までの番号のついたのがマンダラを構成する十二個の部分システムである。ほんらいのマンダラには四百九の仏が描かれている。これらの仏は図2の四角で示す十二個の「院」と書かれた部分システムのどこかのグループに分かれて配置している。「院」はシステムを構成する「部分

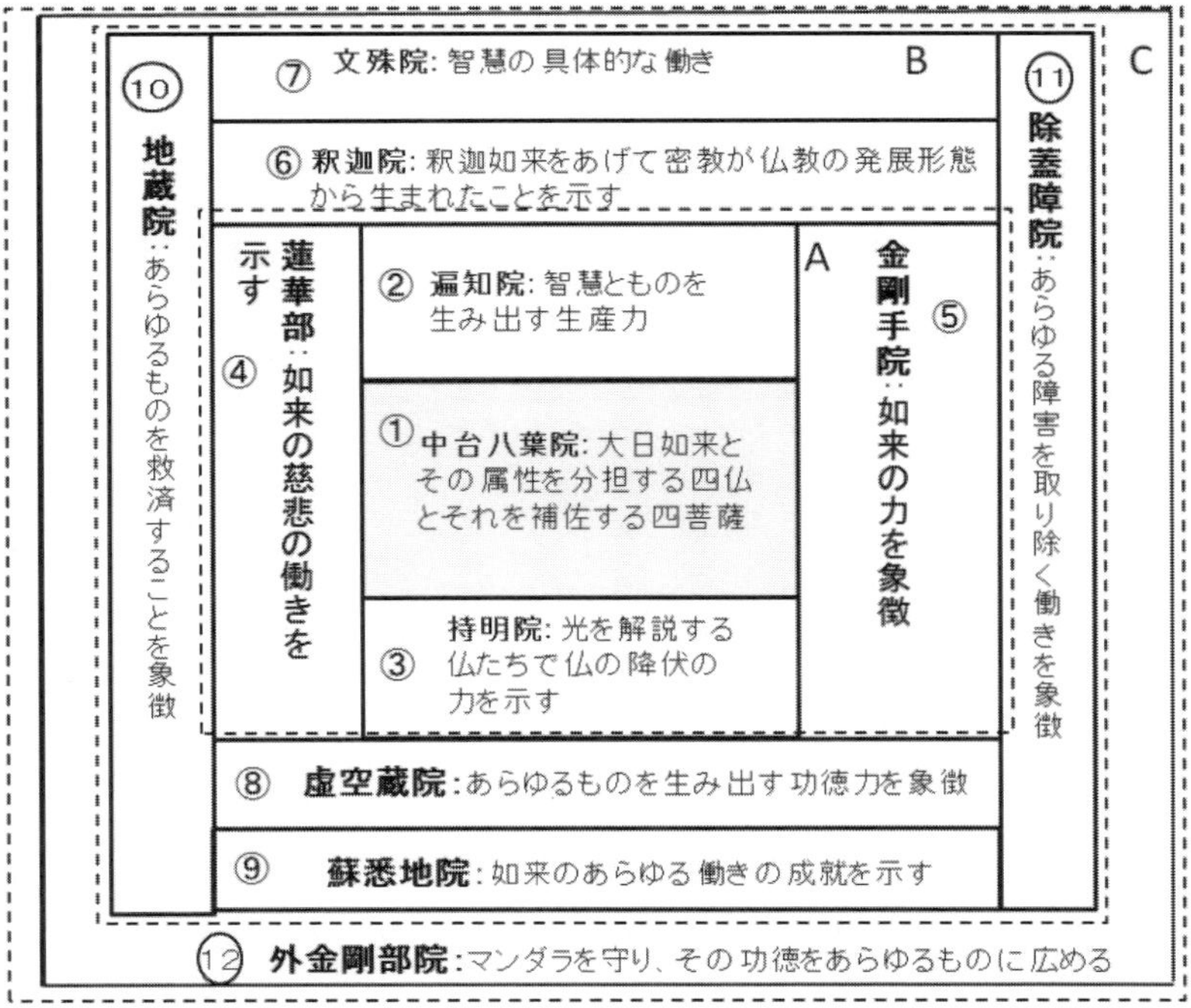

図2　胎蔵界マンダラ（今井・那須「密教」参照）

システム」と呼ばれ、システムを構成する一部のことである。部分システムも目的をもち、これを実現するための「部分要素」からできている。そして、どうじに「手段」にそうとうする。この部分システムもマンダラの目的を実現するために「機能」という働きを持っている。四角のグループに分けた部分システムの中に配置されている仏がそれぞれの階級と役割をもつて上下、左右に並んでいる。そして、それぞれの仏がめいめいの「機能」という働きを説法により説明している。これらの部分システムである要素が手段になり、システムの目的にむかって動いている（今井浄円・那須裕美「密教」）。

図2に示す胎蔵界マンダラは点線で示すように内側からそれぞれA、B、Cのように三重構造になっている。第一のAは中央の①中台八葉院（ちゅうだいはちようゆいん）を中心に、②遍知院（へんちいん）・③持明院（じみょういん）・④観音院（かんのんいん）・⑤金剛手院（こんごうしゅいん）・の5個である。この中でシステムの中心が①の中台八葉院（ちゅうだいはちようゆいん）である。これがシステムの最高の目的になる。第二のBが⑥釈迦院（しゃかいん）・⑦文殊院（もんじゅいん）・⑧虚空蔵院（こくうぞういん）・⑨蘇悉地院（そしつじいん）・⑩地蔵院（じぞういん）・⑪除蓋障院（じょがいしょういん）倍からなる。第三のCは⑫外金剛部（げこんごうぶ）からなる。大乗仏教の目的は大悲（だいひ）という仏が衆生の苦しみを救う大きな慈悲（じひ）である。第一のAは大悲であり菩薩心をおこすことである。菩薩心は悟りにむけた心を発する発心であり、これは修業により追い求めなければならない。第二のB、第三のCに描かれた仏が救済の手段を示す方便すなわちシステムを実現するための手段である。

■中台八葉院の意味

図3の中心に位置するのが図3の「中台八葉院（ちゅうだいはちよういん）」である。その中心が「大日如来（だいにちにょらい）」である。密教による仏法ではこの世に存在するものは大日如来という仏の姿が現れたものとみている。そして、あらゆる仏は大日如来が姿を変えたものであり、宇宙のすべてを一身に集め、すべての中心であるとみている。大日如来は図3のように周囲に4体の如来と4体の菩薩の合計八体で表されている）。

■中台八葉院（ちゅうだいはちよういん）の四仏

図3の中台八葉院の大日如来を取り囲むのがシステムを実現する「手段」である。「菩薩」とは悟りをめざす人、という意味である。四仏にはそれぞれの意味があり、（1）宝幢（ほうとう）如来は東方に配置され、これから仏の真理を体得するための「**発心**（ほっしん）」という決意を示す。（2）開敷華王（かいふけおう）如来は南方に配置され、仏教の真理を体得するための「**修行**」を表す。（3）無量寿（むりょうじゅ）如来は西方に配置され、「**菩薩**（ぼさつ）」という真理を得ることができることを表す。（4）天鼓雷音（てんくらいおん）如来は北方に配置され、悟りをえた境地で、音を出してそれを明らかにする「**涅槃**（にゃはん）」を表す。以上の4つの流れは幽学が後に房総で指導したときに多くの門弟に「性学」の指導をしたときの方法にあてはまる。最初は門人に「発心」を起こさせ性学を勉強する志をたてさせる。つぎに「修行」では家族や道友とともに修業をおこなう。修行では菩薩

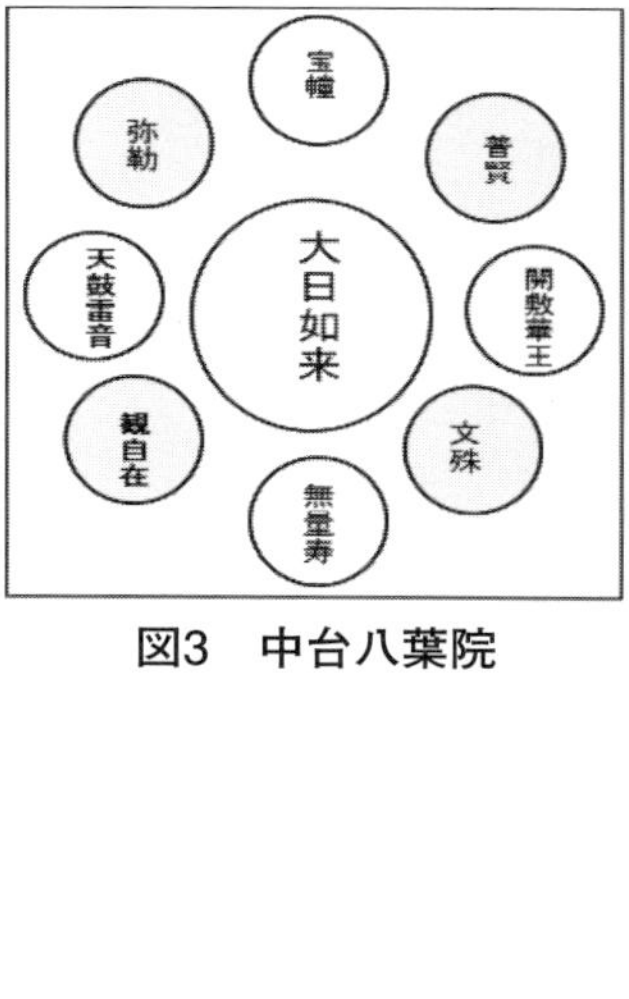

図3　中台八葉院

である悟りをめざして性学を習得させた。そして、最後には涅槃（にゃはん）にいたり悟りの境地にいたる。幽学はこの手順を房総の人々に指導した。これは図４に示す四国八十八カ所の巡礼の道と同じである。八十八カ所めぐりでは徳島県（阿波）で発心し、高知県（土佐）で修行をし、愛媛県（伊予）で菩薩にいたり、香川県（讃岐）では涅槃にいたることを示している。発心と修行無くしては目的とする菩薩や涅槃には到達できない。

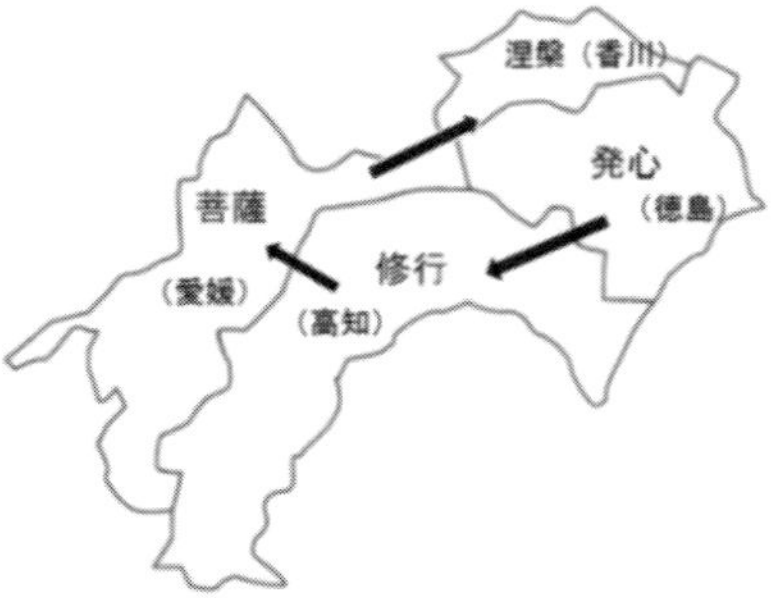

図4　四国八十八カ所

■中台八葉院（ちゅうだいはちよういん）の四菩薩（ぼさつ）

四菩薩には（1）**普賢菩薩**（ふげんぼさつ）はあらゆるところに現れ命ある者を救い、修行により悟りに至る菩薩である、（2）**文殊菩薩**（もんじゅぼさつ）は物事の本質を正しく理解し、正しい判断をする力を意味し、いわゆる「智慧」のことを扱う。（3）**観自在**（観音）**菩薩**（かんのんぼさす）は慈悲の心により、救いを求めている人があるといろいろな姿に変えて人々を救う。（4）**弥勒菩薩**（みろくぼさつ）は遠い未来になって、慈しみにより生あるものすべてを救う（小峰弥彦「曼荼羅の見方」）。幽学は房総に現れた四菩薩そのものである。彼は性学で人々の心を導き、農業技術で困窮した農村に救いの手をさしのべた菩薩でもある。

■マンダラは物質と情報からなるシステムをあらわす

マンダラはシステムを構成する要素である各院とそれを構成する無数の仏がどういう関係にあるの

だろうか。渡辺教授はマンダラは物象（物質）と情報から構成されているとみている。

（１）物象（物質）について

図２の中大八葉院（ちゅうだいはちよういん）の上下にそれぞれ三つの院がある。図５はこれを簡略化したもので大きくは矢印で示す上下の二つの流れがある。その中で図５の矢印で示す下の方向にある、「③持明院（じみょういん）」はものごとを「明らかにする」ことで、知恵をあらわして、これを実践することである。これを実践するために、図５の両側にある金剛手院が知恵を観音院が慈悲を示し、持明院でこれらを実践的に展開する（小峰）。図５の「⑧虚空蔵院（こくうぞういん）」では大日如来の救いが無限の空間の中に降り注ぐことで、富の生産と分配の無限の可能性を意味する。「⑨蘇悉地院（そしつじいん）」は虚空蔵菩薩の万徳が生まれ、地面からよみがえった「物象」について説く仏で、あらゆる働きが成就することをあらわす。これをまとめると図５の下向きの３つはつぎのような流れになる。大日如来の「集中」から、院への「分散」を意味し。

「**持明院**（じみょういん）（**知恵**）」→「**虚空蔵院**（こくうぞういん）（**空間**）」→「**蘇悉地院**（そしつじいん）（**物象の実現**）」

ちょうど幽学が教えた年間の農業暦という「知恵」すなわち計画により、田畑という「空間」に苗を植えて米という「物象の実現」で収穫できる。このような

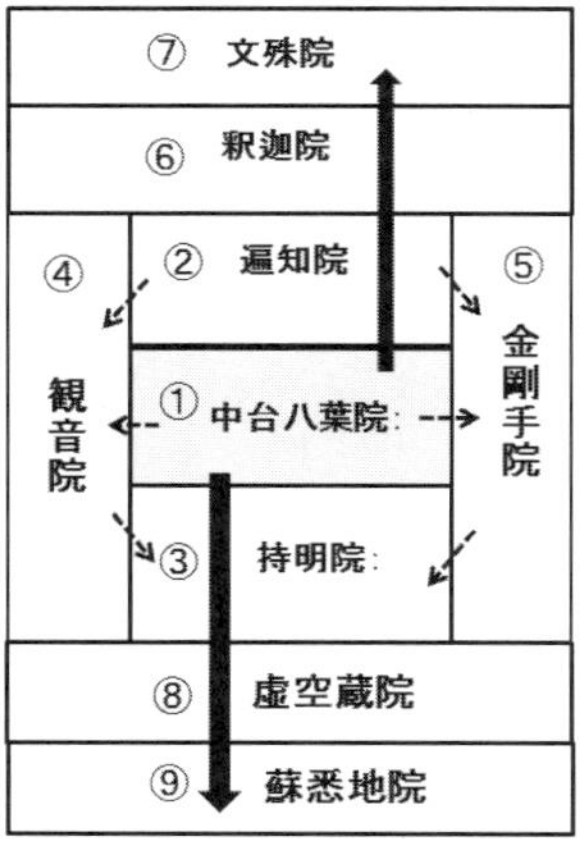

図5　マンダラの中の各院の上下と左右の流れ

物質の創成をイメージするとわかりやすい。

（2）情報（識・知恵）について

図5の中心にある中大八葉院の矢印で示す上の方向には三つの院がある。「②遍知院」は中大八葉院から出た大日如来の理法が衆生を化益するために知恵となって働くところである。遍知は仏智が生まれでることで如来（にょらい）の知恵が生まれ、煩悩（ぼんのう）が絶たれることを意味する。その上にある「⑥釈迦院（しゃかいん）」は悟りが現実に働いていることを意味し、大日如来が釈迦に変身して法を説いている。さらにその上の「⑦文殊院（もんじゅいん）」は文殊の知恵を意味し、人間の認識のうちに生かされた知恵である。釈迦院でいう現実での働きをより現実化し、実践する知恵をだすことである。渡辺教授はこの関係を「遍知院（へんちん）→釈迦院（しゃかいん）（心）→文殊院（もんじゅいん）（情報）」とみた。しかし、これでは意味がつうじない。このため、つぎのように考えた。

「②遍知院（へんちいん）**（知恵による計画）→⑥釈迦院**（しゃかいん）**（悟りの知恵で計画を実現する知恵）→⑦文殊院**（もんじゅいん）**（現実に実践する知恵）」**

農業の計画をたて（遍知院）、それを具体的に田畑で能率よく作業する方法（釈迦院）を考え、それを具体的に実現する手順を示す（文殊院）という情報と知恵を示す。

このように治水工事や農作業をともなうシステムは**物象（物質）**と**情報（識・知恵）**により実現できる。たとえば大きなビルの建設やトンネル工事や田畑での農作業でも「**情報（識・知恵）**」にあたる「②遍知院（へんちいん）（知識による計画）・⑥釈迦院（しゃかいん）・⑦文殊院（もんじゅいん）（現実に実践する知恵）」により計画が立てられる。それを実現するには、図5の下の流れの、「**物象（物**

質)」にあたる「③持明院（じみょういん）（智慧)」、「⑧虚空蔵院」から「⑨蘇悉地院（そしつじいん）（物象)」により具体的な仕事が完成する。

■大日如来（だいにちにょらい）

図2の中台八葉院（ちゅうだいはちよう）の中心が図3のように大日如来である。これは宇宙の中心である。ところで、図2のマンダラは一重、二重、三重に分けているが、一院一院の界の境界はないのである。これは胎蔵界マンダラが「理のマンダラ」といわれ、真理の普遍性とその展開過程を示しているためである。このため、図5の矢印のように各院の間を交流しながら発展していく。まさにシステムの動きでもある。この関係は幽学の設計した農業システムにもあてはまる。農村改革の中心となる有力な名主や八石教会の責任者や幽学などが大日如来として存在し、農村の復興に貢献した。このようにマンダラによるシステムの教えは大日如来を中心とした「集中」と各院への展開による「分散」と、「全体」と「部分」、物事の両面性を考え、全体のバランスを考えなければならないことを教えている。

■城下町から考えたシステム

幽学が漂泊の旅で歩いた城下町はまさにマンダラである。渡辺教授もマンダラと都市システムは似ていると見ている。城下町の町割りとして、いろいろな機能をもって町ができていた。城が町の中心にあり、マンダラの大日如来にそうとうする。城下町は全体が区画されている。城の近辺には縦横に区画され侍町、足軽町、弓町、鉄砲町、幟町などの城を守る人が生活した。戦乱のときはこれらの町に住む人が城を守ることになる。町人地区には呉服町、油屋、大工町、紺屋町などが区画されており、そこでは食糧や衣類などを売買したり、家を建てたり、家具をつくった。寺町は町の外側にあり、城下に住む人の寺であり墓地であった。これらの区画の一つ一つがマンダラ・システムの院になる。この城下町にはいろいろな人間が生きて働いていた。農村から米や麦や野菜を持ち込み、漁師は魚を持ち込み、炭や薪も近辺の農村から持ち込み、衣類などを持ち込んで販売していた。城下町ではいろいろな地場産業が動いていた。幽学はマンダラから学んだシステムは城下町にもあてはまることを知った。

■システム思考の欠けた日本人と日本語

木村英紀東京大学教授は「日本の技術は熟練や経験などの個人的な技能に技術を収斂させる傾向が強く精進と修練によって得られた「匠の技」を重く見る。そして、定形化された手順など普遍的な枠組みで技術を表現するのは苦手である（木村英紀「ものつくり敗戦」）」と日本人の本質をついている。ここでいう「定形化された手順など普遍的な枠組みで技術」とはシステムである。そして、「アジアには普遍的な合理性を求めてやまない論理的な心がかけている」ともみている。アジアにはこれまでシステム思考が育たなかった。いまも日本人に科学的管理法が日の目をみないのは木村教授の言うシステム思考や論理思考ができていないことが原因である。これは日本の風土や歴史や民族が使用する言葉の構造からきている。日本には科学という学問体系が自前では生まれなかった。明治維新で欧米の国々と交流をもってから、科学・技術や医学が移入された。ここから科学研究や技術が生まれた。日本も明治維新から大急ぎで欧米のような古代ギリシャからの知的な伝統を築き始めた。しかし、欧米のように人間として国益を重んじて社会的に生きるという訓練がされていない。

■非論理思考をする日本人

日本には伝統的に論理思考をする訓練がなされていない。たとえば独自の発展をした鎌倉仏教の教祖である栄西・親鸞・日蓮・道元も自派の宗教書を書いている。しかし、その内容は体系だった論理的な哲学の記述でない。あくまでも自派の教えの正統性をのべたものである。日本人は直観的な思考の傾向が強い。「見ればわかる」「習うよりもなれる」「直観」という日常使用する、言語を用いなくても仕事が進められ、農業もおこなわれていた。高名な物理学者の桜井邦朋教授（京都大学助教授からNASAをへてメリーランド大教授・神奈川大学学長）は日本人のこれまでの思考を「感覚的思考」と呼んでいる。日本人はものごとをとことん理詰めに考え抜いて、ある結論に到達するという思考の発展がみられないという（桜井邦朋「日本人の知的風土」）。いったん行き詰まるとそこから後の思考の展開がみられない。ところが欧米の文化における思考の形式は、言語による論理的な思考の表現が要請されている。それを「論理思考」という。論理的な思考は言語によっておこなう。欧米では「論には論」をもって話合いや交渉がもたれる。桜井教授は日本人は、とことん突き止めた思考の結果や論理的な結論を日本語をもちいて正確に他人に伝える訓練がなされていないという。日本語を用いてものごとを論理的に展開することで日本人の思考も大きく変化していくという。戦後、志賀直哉という小説家は日本語を廃止してフランス語にすべきという発言をしている。まさに感覚的な思考の世界に生きている小説家であった。彼は国際会議で外国語で研究発表できるだけの言語や思考の訓練もされていない。論理的に思考をとことん突き詰める訓練がなされていない。しかし、現在の理工系の研究者や技術者は日本語と英語で多くの研究論文を書いて世界を相手に戦っている。そして、日本語でも十分に論理思考はできることを示している。

■困窮した農村に構築したシステム

●幽学が教え指導した協同組合のビジネスモデル

幽学は農村を現在でいうシステムという面からみていた。彼が大きな影響を受けた石門心学や儒学・仏教・神道では当時の「固定した秩序の中でいかに生きるべきか」が主題で、変革を求める思想が皆無であった」（山本七平「勤勉の哲学」）。このような教えでは困窮した農村の改革は不可能であった。儒学・仏教・神道では秩序の破壊はできない。ところが幽学は科学的管理法を農村に採用してムダをなくし能率的な生活や農業をして生産性を高めた。そして豊かな農村を築くことから固定した農村の秩序を地道に打ち破っていった。大原幽学や二宮尊徳は江戸時代に科学的管理法を用いて農業の秩序を変えていった革命的な人物である。幽学は一人一人の農民が団結して人・物・金と情報を結び合わせ、農村を一つのシステムとして農業をみていかないと困窮から救う方法はないと考えた。彼は天保七年に門人どうしが助け合いながら生きていくために共有財産をつくることを村の名主に説いてまわった。この年は天保の大飢饉で関東から東北にかけて数十万人が餓死した。甲斐・三河・陸奥では一揆が起きていた。危機に瀕した村を救うにはバラバラな人間を互いに団結させて農村システムに組み入れることしか方法はないと考えた。飢饉がおきて人々が飢えているなかでは単独の農家のみでは生きていくのが苦しい時代であった。農家の経営破産にともなう土地の手放しや貨幣経済の浸透による借財の増加など多くの原因で農家は貧困化していた。長部村でも明和年間に四十軒あった農家が天保の初年には二十二軒にまで減少していた。この減少を防がなくては農村で人々が生きていけなくなる。

その実情を中井は長部村の近辺にある荒海村の例を調査している（中井信彦）。文政三年から万延元年までの三十年間の農民の土地所有高を米の石高で整理している。この結果、六石以上の土地を持っていた農民の富裕層と中間層は大幅に減少している。そして、一石五斗以下の零細な農民が三倍以上になっている。富裕層の持っていた農地は隣村の二、三軒の農民が所有するようになった。長部村は現在の旭市に入り、干拓地に近く地味も豊かでなく特産品もなかった。当時の収穫量は村高で二四八石の小さな村であった。

■子孫永々相続講のシステム

天保五年から性学運動には多くの人が入門した。幽学はこの組織を動員して、つぎつぎと新しいことに取り組んでいった。この組織を動員して先祖株組合や後で述べる農事改良や耕地整理という大規模な農村システムの設計と改革をおこなった。このような大規模なシステムの実現には組織の協力なくしてはできなかった。この組織ができるまで、彼は門人宅で教化活動をしてきた。しかし、教化活動や会合の内容が明らかになったのは天保十三年以降である（藤田昭造「大原幽学の教化活動と性学組織」駿台史学）。幽学とその門人がもった会合は先に述べたよう合議制による方式で、大前夜、中前夜、小前夜や男子、女子の会合がもたれた。会合は八石教会のあった長部村以外の遠く離れた場所でも開かれた。この会合で「子孫永続」ということが議論されている。「子孫永続」とは「子孫永々相続講懸銭」のことである。この中心人物は天保六年に入門した菅谷又左衛門である。彼は諸徳村で一番の富農であった。天保七年に幽学が提案した「子孫永々相続講」という金融システムを立ち上げるために動き出した。幽学はこのシステムを実現するために菅谷又左衛門に全面的な協力を依頼した。図

6は子孫永々相続講のシステムを示す。門人は年に二回開催される大会では一回に百文で年二回で二百文を預ける。当時の一貫は千文で一両は六貫五百文であった。講の中でやむおえなく困窮した者があるときは、個人の分相応の救済をする。この講は無期限に子孫のために永久にお金を積み立てる。さらに掛け金の金利は十両以内は一割、五十両までは五分、五十両以上は三分とした。この金は名主の菅谷又左衛門に預金することを決めた。門人は一年で二回の積み立てにより年二〇〇文を無期限位に預けて共有財産にした。共有財産として個人に利益は還元される。いわゆるシステム工学でいう逐次修正をする、「帰還（フィードバック）」のある「子孫永々相続講システム」である。このようにして、幽学は村に共有財産をつくり、講の中に不幸が起きた場合への備えをした。これは高野山で学んだマンダラや六大縁起の教えである。マンダラの中央に描かれたのは大日如来である、この子孫永々相続講システムでは大日如来にそうとするのが中心にいる菅谷又左衛門である。彼がこのシステムの中心となる。幽学はこのシステムを運営するために参加する人に条件をつけた。それが、「性学同門中子孫永々相続講」という定款である。講は農民が助けあいながら生きていくための組織であり、一つの「講」をシステムとみなすことができる。これに参加した人はマンダラの仏になる。そして、マンダラ全体が大日如来

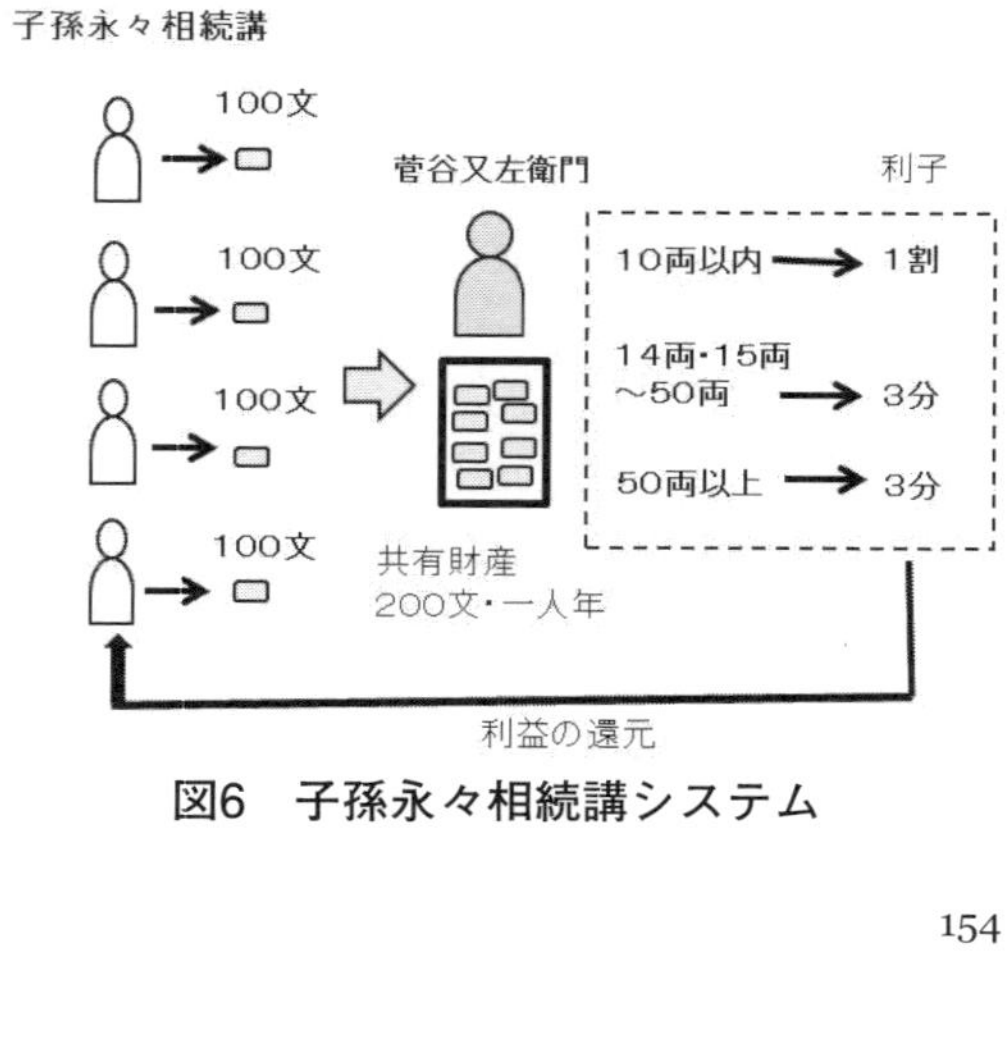

図6　子孫永々相続講システム

の目的にそって動き出すことになる。定款には「博打（ばくちの）の禁止、不義密通をしてはならない、勝負事をするな、女郎買はしてはならない、狂言、長唄、浄瑠璃などはひかえる、はかりごとはしてならない、大酒の禁止」など、悪いこと、贅沢など自分の分に応じない（分相応）生活を禁じていた。そして、悪行をする同門には注意して、場合によっては破門している。これは講というシステムを構成する一人一人の構成要素が正常に働かないとシステムが動かなくなるためである。天保七年にはこの講というシステムに参加した門人は足洗村、長部・諸徳寺・小見川・殿部田村などの合計九二名であった。このシステムはそのまま明治時代まで続けられた。このシステムがつぎの先祖株組合システムに発展することになる。

■先祖株組合システム

幽学は先祖伝来の土地を手放さないようにするために先祖株組合というシステムを提案し、それを実行にうつした。先祖株組合は長部村と同時に諸徳村でも結成された。天保九年（四十二歳）には土地を共同で管理するという方法を開始した。このために幽学が動いた記録は渡辺の研究にくわしくでている（渡辺隆喜「大原幽学とその周辺」）。長部村の先祖株組合システムはつぎのように運営された。

組合員が先祖株として五両分の土地（田一段歩にあたる）を出し合って共同で耕すことになる。そして得た収穫の利子を積み上げていくという方法である。このとき共同管理を実現するための組織として、「講」をたちあげた。これが先祖株組合である。長部村の先祖株組合は彼の教えを受けた十一名の道友によって結成された。組合員の間には、つぎのような約束事を決めている。

一、金五両分の土地、先祖の株と定めて、少しも個人の生活に用いないで、この利子を長く積みたてて、親、先祖を楽しませるために、持ちよった株をひとまとめにして組合を作り、その年の収穫による利益を毎年積立てていく。

二、地株、利益の配分などは世話人と相談のうえで決める。

三、誓約のなかで不仕合せについて、滅亡する者があるときは、この除いた株は一銭も渡さない事。ただし、一軒分について百両以上の株にあたる積立てがあるときは、もし滅亡することがあっても相談のうえで半分の株をもってその家名相続するようにとりたてること。残り半株は子孫のために積み置くこと。次にこの独創的なシステムをみてみよう。

■先祖株組合システムの内容

幽学は天保九年（四十二歳：一八三八）のとき、長部村ほかの四か村を訪問して「先祖株組合」という「農業協同組合」のさきがけとなる組織を多くの人の協力をえて立ち上げた。図7はそのシステムの内容である（大原幽学記念館より引用）。まさにマンダラの世界である。左には組合員の構成を示し、その上段は地主や上層農民で下段は下層農民である。上段の人が資金と土地の提供者でもある。十日市場の名主である林伊兵衛と諸徳寺の名主の萱谷又左衛門がその提供者である。下段が下層農民で長部村の約半数がこれに入る。幽学の描いたこのような独創的なシステムを

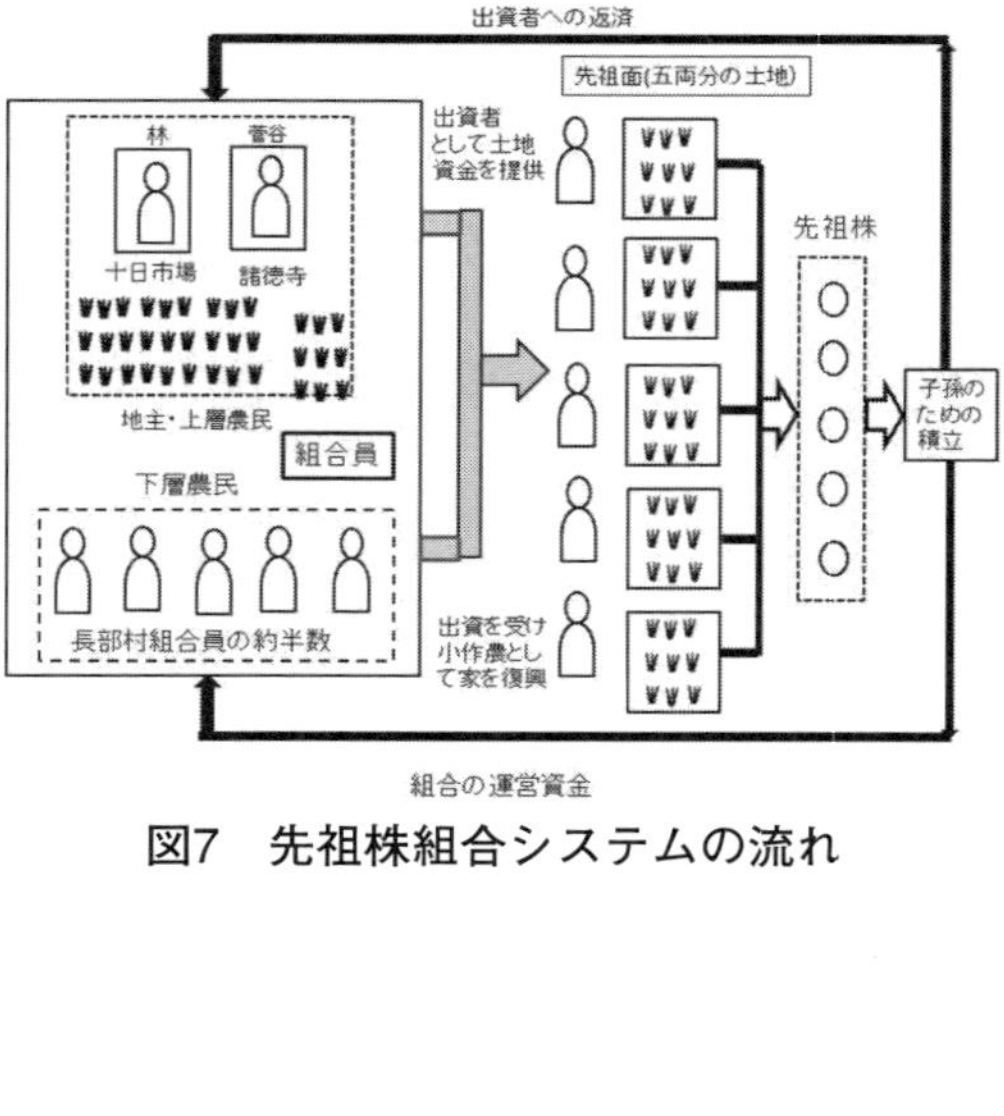

図7　先祖株組合システムの流れ

人々に納得させることができたのは彼への絶対的な信頼があったからである。組合の定款には一人が五両の土地を出資することになっている。図7のように下層農民は出資をうけて小作農民として五両分の土地を先祖面として耕す。そこでの得た収入（米）は子孫のために積立をする。そして、収入は（1）出資者への返済にあて、さらに（2）組合の運営資金とした。先祖株組合の契約書の内容は先にあげたように

（1）「加入者は自分の所有する土地のなかで五両にそうとうする耕地を先祖の株として出資する。この土地からでる利益を親・先祖のためと無期限にわたり積立てる」となっている。組合の定款に一人が五両の土地を出資することになっていたが、この金は当時としては大変なことである。これだけのゆとりのある農民は一部に限られていた。これを可能にしたのは地元の名主の林伊兵衛であった。林家は十日市場村で農業以外に酒造業や漁業も兼業する富農でもあった。やはり幽学の教えに傾倒した人である。

（2）「運営と世話人については相談のうえで決める」と組合の運営は相談によりおこなっている。

（3）加入者の中でなんらかの不幸のために破産する者がでても持ち分は返却しないことになっている。ただし、一軒分が百両を越える株のときは相談のうえで半分の株を子孫のためにその家のものになる。

（4）幽学の決めた、道友の規定に背いて破門された時は株は一切渡さないという厳しい生活態度を道友に要求している。

このような契約書の署名は家族一同が決死の覚悟でおこなったものである。天保十一年に組合の認

可を領主の清水侯の認可を受けて正式に承認された。組合が成立したとき、組合員は十一軒であった。翌年の十二年には十四軒の加入者があり、合計で二十五軒になった。まさに先祖株組合という、思いもつかない独創的なシステムを立ち上げている。

これをマンダラにあてはめると、八日市場の名主である林伊兵衛と諸徳寺の名主の菅谷又左衛門が大日如来（だいにちにょらい）である。下層農民は中台八葉院（ちゅうだいはちよういん）の外側にある各院の仏である。

■先祖株組合システムの成果

長部村の先祖株組合の成果は、組織が発足した天保九年から嘉永五年までの加入戸数は図8に示す。天保九年から十一年までは戸数が一一戸であったのが天保十二年から十五年に二五戸、弘化三年から嘉永五年までは二八戸になっている。図9は所有面積の変化を示してある。天保九年から十一年までは七・三反でその後は天保十二年に二〇・八反で天保十三年に二一・八反と増加し、その後は減少するが、少しずつ増えてゆき、嘉永五年には三〇・八反に増加している。図10は出資金と作徳米の利殖金である。図10から出資金は天保九年から十一年までは五五両であったのが、天保十二年から十五年には一二五両に増加し弘化三年から嘉永五年までは一四〇両に増加している。この結果、嘉永五年には一株五両の土地の株は九両一分に増加し、出資金額は四両一分の増加になった。他の村に質入れしていた田の一町九反（一万八千八百平方メートル）が買い戻された。潰れた九軒の家を復興させた。その他に土地の改良や道路の補修、橋梁の修理もおこなった。さらに、生活に困窮した家を援助している。特に借金で他村に質入れされていた土地を買戻して、これを先祖株に組みいれている。もし、自分で質入した土地を買い戻すことができなくても先祖株組合が買い戻してくれる。諸徳寺村では菅谷又左衛門が中心になって天保九年に一四名で始まった。十二年には四名が加入し一八名になった。菅谷家では先祖株により安定した経営の基盤ができた。菅谷家の一族は同族経営の強化により荒廃した農村の経営を切り抜けることができた。また、地主としての基盤強化に役だった（渡辺）。

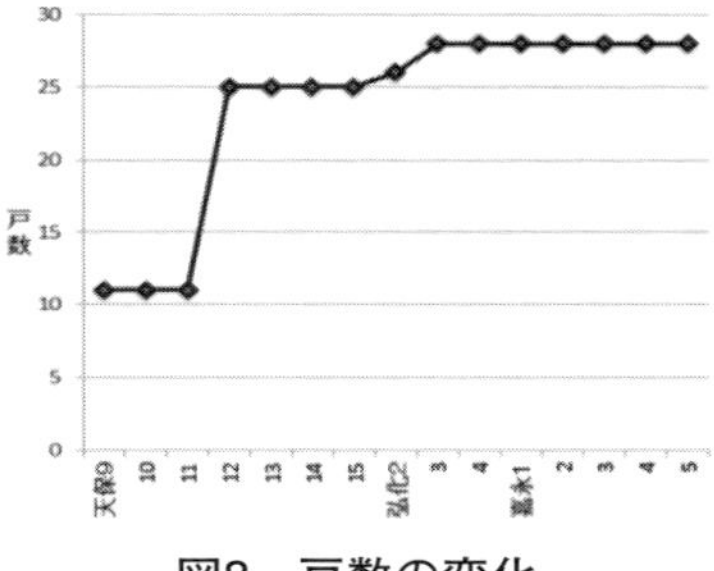

図8　戸数の変化

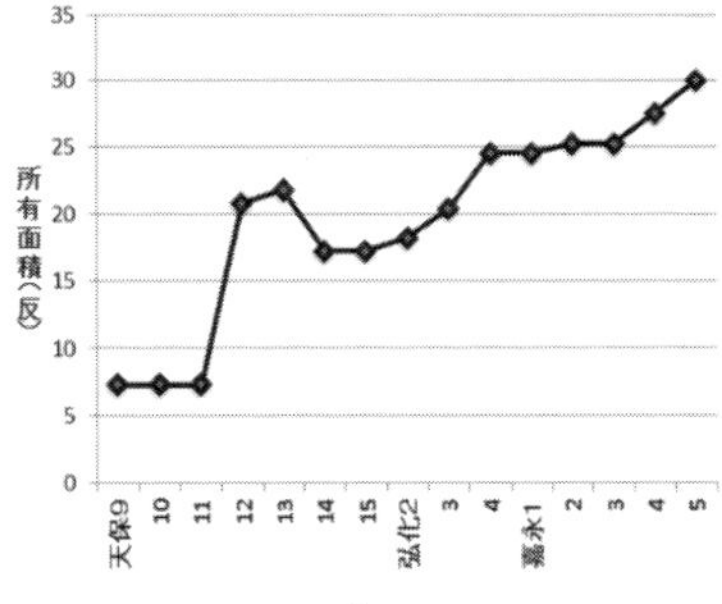

図9　所有面積の変化

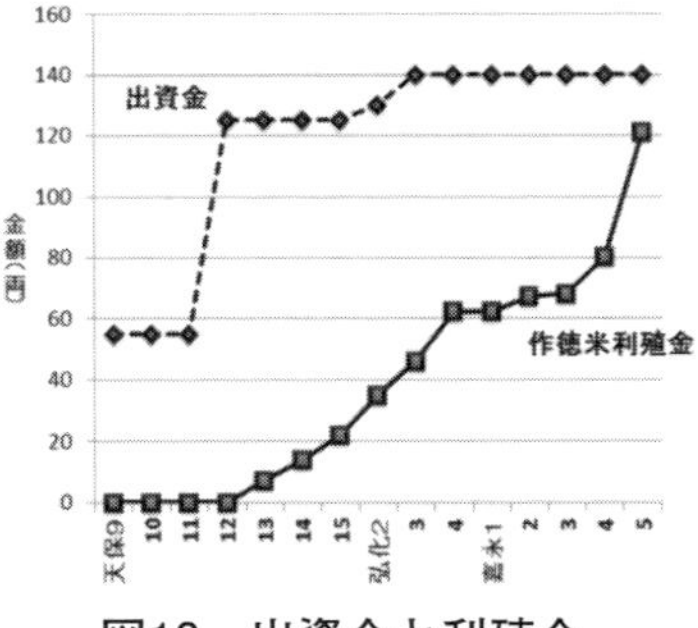

図10　出資金と利殖金

■先祖株組合に貢献した人

幽学は有力者から絶対的な信頼を得ていた。彼は先祖株組合を一部の有志のものから、村全体にわたってすすめるための方策を検討した。このようにして、長部村は先祖株により復興させることができた。この当時の長部村では百姓を専業とする人はわずかであった。ほとんどの人は農業と余業で木を切る木挽（こびき）をしながら渡り歩く渡世の者ばかりであった。このような人を幽学のもとに入門させ改心させた。そして、農業のみに専業させた。これは十日市場では名主の林伊兵衛と長部村では遠藤伊兵衛による援助が大きかった。また諸徳村の菅谷伊兵衛は自ら金を払って潰れた百姓の家株を再興させ、貧しい農民までもが農業に専念できるようにした。これには相当額のお金が調達された。遠藤家は村の耕地整理のために広大な土地を林伊兵衛に質入れした。一方の融資した林伊兵衛は村のために献身的に仕事をしている。これらはすべて幽学の教えにそったものである。多くの農民は幽学の説く「性道」による教えに納得し実践していた。そして、農民の一人一人が納得して感謝の気持ちで働いた。名主の林・菅谷・遠藤という有力者と幽学の協力によって村の改革を始めた。

■幽学の考えたシステム思考について

●問題とは何か？

幽学が農村で直面した「問題」とはなにかを考えてみる。問題とはいろいろな定義があるが、ケプナーとトレゴーは「問題とは、すべて期待された業績基準からの逸脱である」と述べている。一方、グレゴリーは「問題とは、目標に到達する道にたちはだかる障害や妨害のことである」としている。この関係は図11のようになる。ややこしい定義であるが、要するに、「ああして欲しいという望ましい状態の「目標」に対して「現状」との間に起きる「差（ギャップ）」を生じさせる「障害」のことが「問題」となる。図11の上段は目標

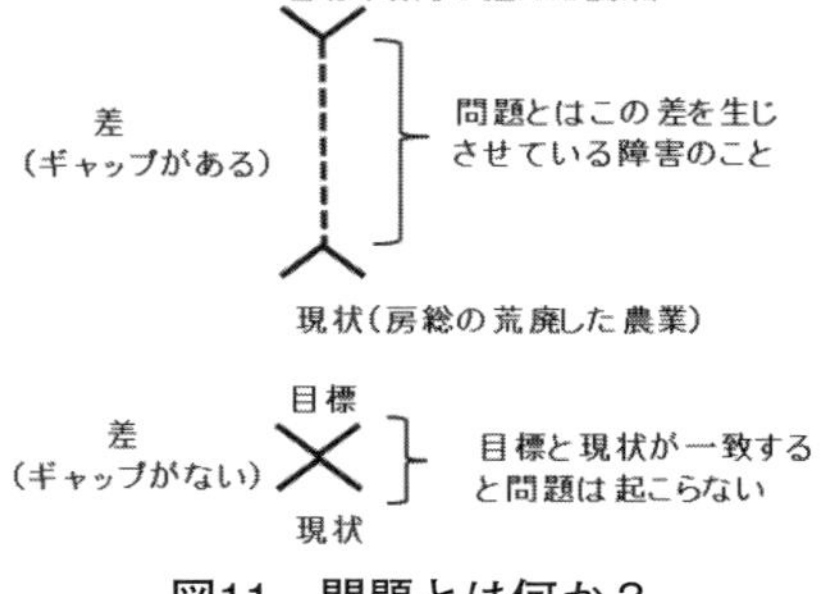

図11　問題とは何か？

と現状の差が大きくなっている。この差を大きくしている障害が「問題」である。下段は目標と現状の差がないため問題が起きていない。このように問題は目標の産物として発生する。すなわち、目標によって決まる。ここでいう目標は望ましい到達点のことで最終的にどのような状況を達成したいかということを表す。幽学は房総での荒廃した悲惨な農村の「現状」を見た。また、漂泊の旅で見た畿内の優れた農業の実態をみてきた。畿内の農業を望ましい「目標」としてみると房総の農業の状態である「現状」との差がきわめて大きくなる。この差が起きている障害となる原因が問題である。障害となる原因を調べ、それを改善しなければならない。彼は問題点を見つけ出して科学的管理法と農村のシステム化という改善案を行動に移した。問題意識の低い企業ほど組織内で問題を発見できず経営がいきづまることは組織の鉄則である（ＮＥＣ会長小林宏治）。あらゆる大手企業の衰退の原因はここにある。

■システム思考と問題を構成するもの

図12は先祖株組合の導入におけるシステム構造を示してある。システムの構造をフィードバック（帰還）という考えで示した。左側から新しく設計するシステムに何らかの要因やモノや組織などを「投入」する。これを「入力」とか「インプット」と呼んでいる。これが行動を起こす原因やきっかけになる。そして、「処理」の箱の中に示す「条件」によりシステム（組織を含む）の行動指針が決まる。行動指針によりシステム全体が働いて「結果」をだす。これが右側に示す「結果（現状）」になる。この「結果」が「目標」とする望ましい状態との間に差が発生すると図12のように「問題」が発生したことになる。このために、この原因を調べて新しい方策を考え出す。そして、再びその方策を実行に

移す。このときでてきた問題から原因を調べ新しい方策を提案する。これが帰還（フィードバック）という動きである。これが次の入力（インプット）になる。先祖株の導入により「条件」にそって「行動指針」により農作業をおこなう。先祖株組合を導入する前の農村は図12の右側の「結果」に出てくる。ここでの「問題」は農村の荒廃にともなう、農家の戸数の減少、収穫量の激減、農家の没落、田畑の荒廃、一家離散、人口減、子供の養育の困難などである。これを防止して農業を復興させるための方策が「先祖株組合」である。これが左のインプットとして農村に導入する。このような条件のもとに先祖株組合の「行動指針」が決まり、行動に移す。行動指針の内容についてはこれから明らかにする。日本を代表する経営者で元ＮＥＣ社長の小林宏治は「安定な企業は不安定で、不安定な企業は安定である」という組織の原則をあげている。すなわち問題のない企業と思っている組織は望ましい状態と現状の問題がわからないため安定しているようにみえる。

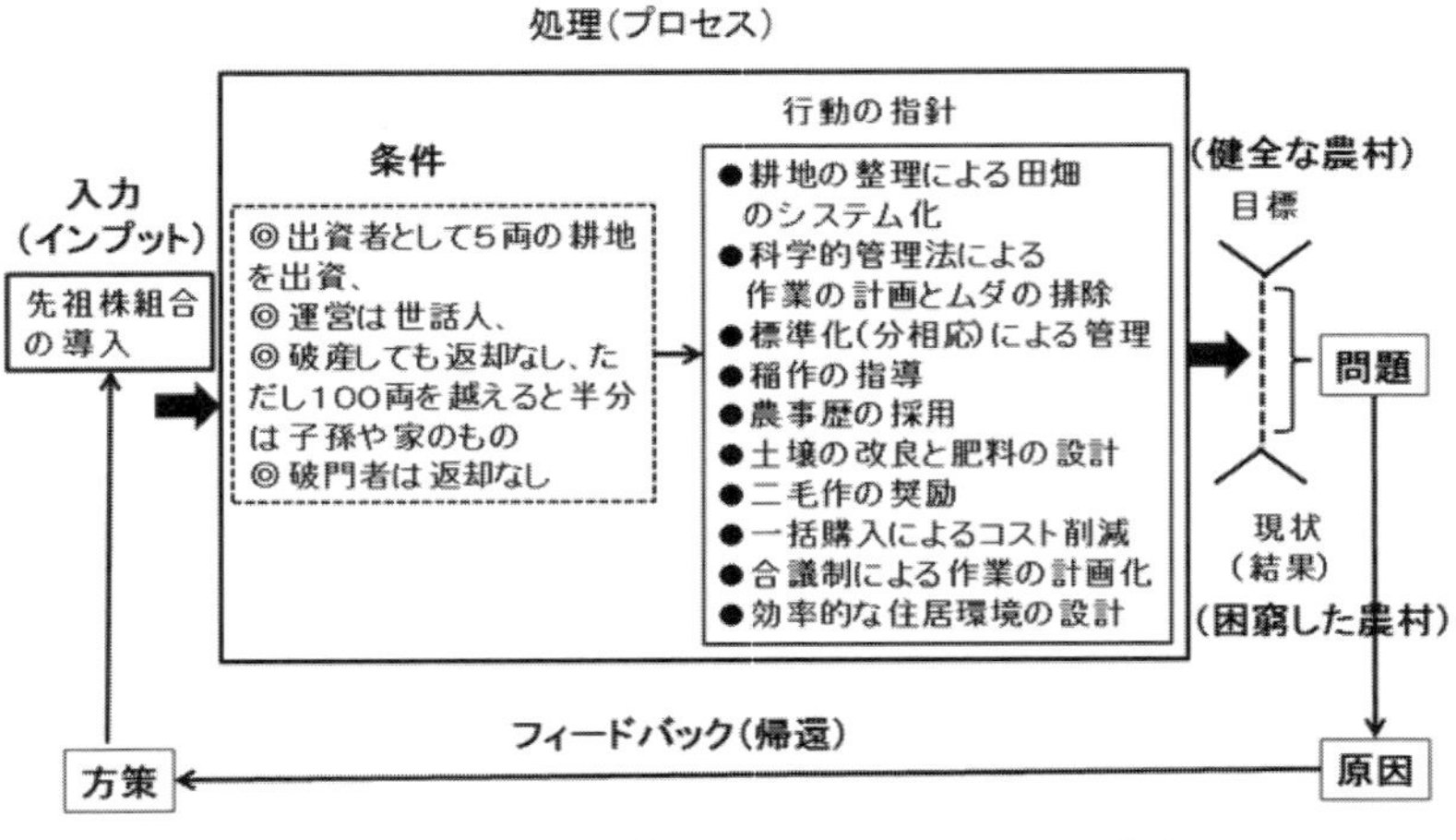

図12　先祖株組合導入におけるシステムの動き

これは、問題点を発見できずにいるためである。いずれ大きな障害が起きて、組織は動かなくなる。逆に、問題点の多い組織は不安定のようであるが、障害の中から問題を見つけている。このため問題を解決するために行動を起こし組織は安定にむかう。先祖株組合も多くの問題点を含みながらも新しい方向に向かって動いて行った。

第十三章　農村システムを考えた幽学

1　システム設計を農業改革に利用

幽学が取り組んだ農業改革はまさにマンダラの世界を実現するような取組であった。彼は一人で房総の地に来て性学を説きは始めたときは一人の「点」にすぎなかった。それが房総の農村を歩いて教えを広めて村々を「線」で結んだ。そして最終的には農村をシステムとして改革して「面」に持ち込んでいる。これは「点」から「線」、「線」から「面」へと発展しているのは現在の企業経営と同じことを農村で実現している。幽学は日常生活の中でこまかいムダをはぶき、能率よく仕事をすることを指導してきた。それは一軒一軒の家のムダを省くことで一軒一軒の生活は豊かになることを指導した。ところが幽学は農家が一軒一軒いかに能率的に農作業をしても、村全体からみるともっと大きなムダがあること気がついていた。農家の一軒一軒がいかに能率的に作業しても村全体のムダをなくすることはできない。幽学は村全体でおこなっている農作業や田畑、堰、稲・麦などを現在でいう農業システムとみなした。これは先にあげたマンダラの世界であり、城下町のシステムでもある。一軒一軒の農家がシステムを構成する要素になる。一軒一軒の要素がある単位になると部分システムになり、マンダラの院になる。城下町では区画になる。一軒一軒の要素である農家がムダをなくして能率的な農作業をしても、それが村全体の「農村システム」の能率化にはつながらない。村全体を能率化することはマンダラの世界の実現である。

2 幽学も採用した大畑才蔵の科学的管理法

幽学は先祖株組合で村民の協力体制ができあがり、つぎに取り組んだのが「農村システム」の一つとしての農地の開拓である。先祖株組合を成功させるには農業の生産性を高めるしか方法はなかった。長部村は部落の北側の小高い丘陵地帯（四十メートル）にある鎮守の社のある日野神社を中心にして狭い場所に集まった集団部落であった（越川）。高地の下にあるために当たりが悪く、飲料水を汲むにも不便であった。井戸がある家がなく、大部分の家庭では日野神社の麓まで水くみにでかけていた。さらに、自分の持っている田畑から離れていたため毎日の農作業ではムダな作業が村全体で起きていた。とくに農家の保有する田畑はあちらこちらに飛び飛びにあった。田畑も形がいろいろと統一されていなかった。このような中で幽学は高野山で学んだ大畑才蔵の考えた科学的管理法を利用している。幽学の記録にはないが、ここでは才蔵の採用した方法の一部をまとめてみる。

（1）反当たりの収量の計算方法

大畑才蔵は玄米・綿・大豆・たかきび・ゴマの反当たりの収量を推定する方法を示している。それぞれの面積あたりの過去のデータから収穫量を示して現在のファジイ理論と同じような推定法を明らかにした。これらの作柄の評価法も明らかにしている。

（2）村の収穫量の推定

収量の推定に田の一坪を刈り取り収穫量をみて全体の面積に掛けて求める方法を提案している。別の方法は田を上作の田は坪当たり平均一升六合、中作の田で一升二合、下作の田で一升とする。つぎに全体の田を三個に分けて、その田の作柄を上、中、下に分けて平均収穫量を掛けて全体の収穫量を推定している。

（3）米の生産費用の推定

米一石を生産するために必要な費用を算出している。費用はすべて米の量で評価している。大きな費用は田の草取りの手間、肥料、元肥の灰、苗代、などで合計で四斗二合とみている。

3 幽学も計算した科学的な作業量の評価法

当時の房総地区では小さな田畑がとびとびにあるため、農作業では複数の田畑を移動して耕作することになった。このため、肥料の運搬、田植えでの苗代の運搬、草刈りでの移動、水量の確認、害虫の駆除、収穫における稲や野菜の収穫物の運搬で自宅と田畑の間の移動回数が増えてくる。移動回数が増えると労働時間が増えてくる。とくにモノを運ぶ運搬作業というムダな作業が増えると正味作業時間が少なくなる。そして、農作業に遅れが生じて生産性を低くする。できるだけ、住宅と田畑の距離を短くすることが農作業にとり利点が多くなる。ところが、その利点を定量的に評価しないとそのシステムが成功したものか失敗したかは評価できない。一般に構築するシステムは必ず定量的に作業量を評価しなければならない。幽学のめざした「農業システム」も作業量を定量的に評価できるものばかりであった。彼は大畑才蔵の提案していた作業量の評価法を農地の開拓に利用している。才蔵はつぎのような評価法を提案していた。

例　たとえば図1のように（一）自宅から三〇キログラムの肥料を六〇メートル運搬するときと、（二）三〇〇メートル運搬するときの「作業量の評価値」について幽学は大畑才蔵の提案した「**運搬重量（トン）×運搬距離（キロ）法**」でおこなっている。この方法は今から三七〇年前に大畑才蔵が提案したものであり、現在では「**トン・キロ法**」と呼ばれている。この原理は現在もレイアウト計画や輸送量の評価に利用されている。ここでは才蔵の提案した作業量の「トン・キロ法」の評価法をとりあげてみる。才蔵は荷役運搬作業のために人夫一人が一日にできる標準作業量をつぎのように決めている。

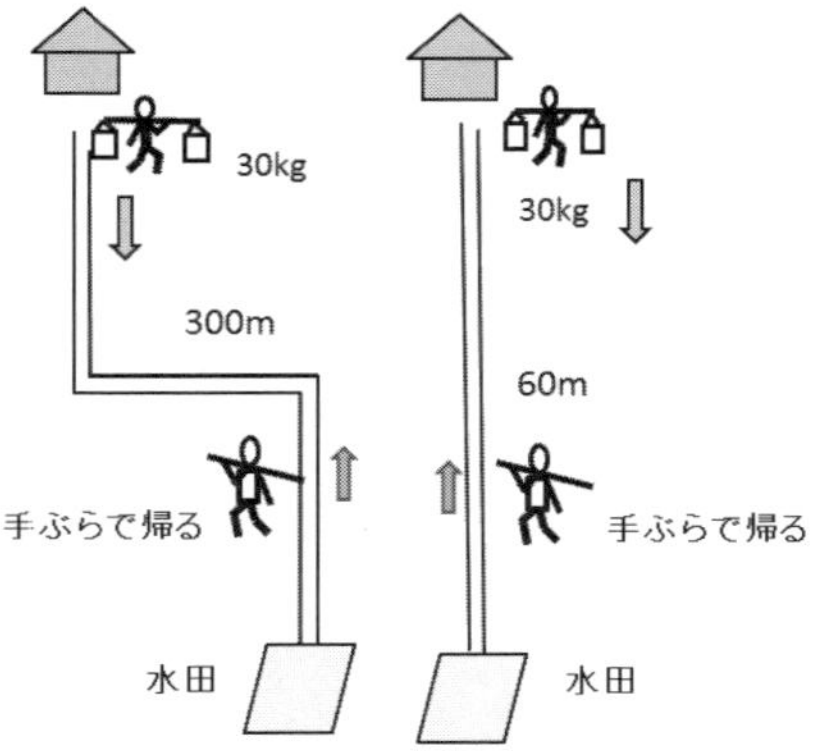

図1　運搬距離と重量の評価

（大畑才蔵の決めた基準値）

1 人間が運べる荷物の重量を「一荷」とは一四貫目（五二・五キログラム＝〇・〇五三トン）を標準とする。

2 人夫が一日に土砂などを「一荷（五二・五キログラム）」を荷役運搬する距離は「八里持ち」として八里（三一・四キロメートル）の距離を標準にした。

3 土量の単位を一丸坪とよび、一辺が一間（一・八メートル）の正立法体（体積）では重量は三〇〇荷であるためトンになおすと、三〇〇荷×〇・〇五二五キログラム（一荷の重量）＝一五・八トンとなる。

そして、人間のおこなう作業量をつぎのような式で評価する方法を提案した。

（1）作業量の評価＝「重量（トン）×運搬距離（キロ）法」による定量化

計算の基準値1、2、3から才蔵は作業量を「重量（トン）×運搬距離（キロ）法」といわれる公式で評価した。これは運搬する重量に運搬する距離を掛けたものである。したがって一荷（五三キログラム）を八里運搬するときの作業量はつぎのようになる

一人一日当りの作業量＝重量×運搬距離（トン・キロ法）

＝一荷（〇・〇五三トン）×距離（八里：三一・四km）＝一・六六（トン・キロメートル／人・日）になる。

このように基準値が決まると、運ぶ土砂の量と距離がわかると作業に必要な人数や運搬回数が計算できる。

（2）才蔵が元禄九年に出した運搬工数の計算

才蔵はいまから三百二十八年前の元禄九年（一六九六年）につぎのような運搬工数を求める例題をだしている（大畑全集より）。

江戸時代の工事問題　一丸坪（三〇〇荷：一五・八トン）を三町（〇．三三キロメートル）運搬するとき、一日の運搬回数と作業人数はいくらか？

解答

さきにあげたように、一人一日の標準作業量は一・六六（トン・キロメートル）になる。いま、一荷

を三町運搬するときの作業量をトン・キロで示すとつぎのようになる。

一荷を三町運搬する作業量＝一荷（〇・〇五三トン）×三町（〇・三三キロメートル）（トン・キロ／人・日）＝〇・〇一七（トン・キロメートル／人・日）

①一日の運搬回数はつぎのよう九八回になる。

一日の運搬回数＝一・六六（トン・キロメートル）÷〇・〇一七（トン・キロ／人・日）

＝九八（回／人）、したがって運搬回数は約九八回になる（昔の単位のため誤差が出る）

②一丸坪の三〇〇荷（一五・八トン）を三町（〇・三三七キロメートル）運搬するときの人数はつぎのようになる。これをトンキロになおすと一五・八（トン）×三町（〇・三三七キロメートル）＝五・一七（トン・キロメートル）。

したがって一丸坪（一五・八トン）を三町運搬するときの一日の人数はつぎのようになる。

一日の作業人員＝　五・一七（トン・キロ）÷一・六六（トン・キロメートル／人・日）

＝三・一（人・日）と、一日で約三・一人となる。

（3）自宅からの運搬距離と重量からの評価

つぎにさきにあげた図2を考えてみる。自宅から三〇キログラムの肥料を①三〇〇メートル運搬したときと。②六〇メートル運搬するときの作業量の評価値はつぎのようになる。

（一）三〇キログラムの肥料を三〇〇メートル運搬するとき？

三〇キログラム×三〇〇メートル＝（三〇÷一〇〇〇キロ）×（三〇〇÷一〇〇〇トン）＝〇・〇〇九（トン・キロ）

（二）三〇キログラムの肥料を六〇メートル運搬するとき？

三〇キログラム×六〇メートル＝（三〇÷一〇〇〇キロ）×（六〇÷一〇〇〇トン）〇・〇〇九（トン・キロ）＝〇・〇〇〇一八

したがってトン・キロによる作業量の評価法では六十メートルのほうが五〇分一になる。

（4）道具の標準化と標準作業時間の設定：

才蔵は運搬作業のための道具の標準化をしている。土を運ぶための籠である持籠（モッコ）の標準寸法を一辺が一尺八寸（五四センチメートル）としている。これは一日の作業量から人間が運べる土の重さを考えたもので人間工学という視点から作業を見ていた。

（5）標準作業と作業時間の設定

二人でモッコ（持籠）の中へ土を入れるとき、一日に二人で土が五〇〇荷（二六・五トン）から六〇〇荷（三一・八トン）積み込める。これを作業標準値としている。作業について、人間が一日に鍬を振る回数は約八四〇〇回から八五〇〇回を標準回数と推定していた。

4　工事の見積もりと作業分割

（1）工事に必要な人数とコスト計算法の開発

才蔵は設計する堤の大きさと土の質から工事に関連する工期、費用、作業工数、資材量などを理論計算から求める方法を開発している。たとえば土手の造成工事をおこなうとき、彼は土手の台形の容積計算をしている。三百二十八年前に測量器を自ら開発して土地を測量しながら工事を進行している。幽学も同じような手順で工期、費用、作業工数、資材量を計算して耕地の整理をした。

（2） 日程計画と工期の短縮

作業時間は土木作業の内容や条件や方法により変化する。才蔵は従来の作業方法を根本から改善した。彼は作業の工事はすべての工区（丁場）ごとに割り振って分業化した。いわゆる作業の分業をして能率をあげた。この原理を説明するのに従来は図2の上段のように工区をＡＢＣの順番に連続しておこなうと30日かかるとする。いま、この工事を３つの工区Ａ，Ｂ，Ｃに分ける。そして、工事を図2の下段のように分業しておこなう。すると、それぞれの工事が独立しておこなうことができる。このため、作業を分割をすると工事は十日で終了する。これは科学的管理法でいう作業分割と同じ考えである。工事を工区ごとに分割することで納期が短縮できる。作業分割するとそれぞれの工区ごとに、資材の現場への搬入も、作業の段取りも前々から作業の進行にあわせて準備できる。この結果、工区ごとに仕事の手順が明確になるため、これまで工事責任者が現場から離れられないという問題がなくなった。また工期も大幅に短縮された。幽学も耕地の整理における土木工事において同じような手順を採用した。

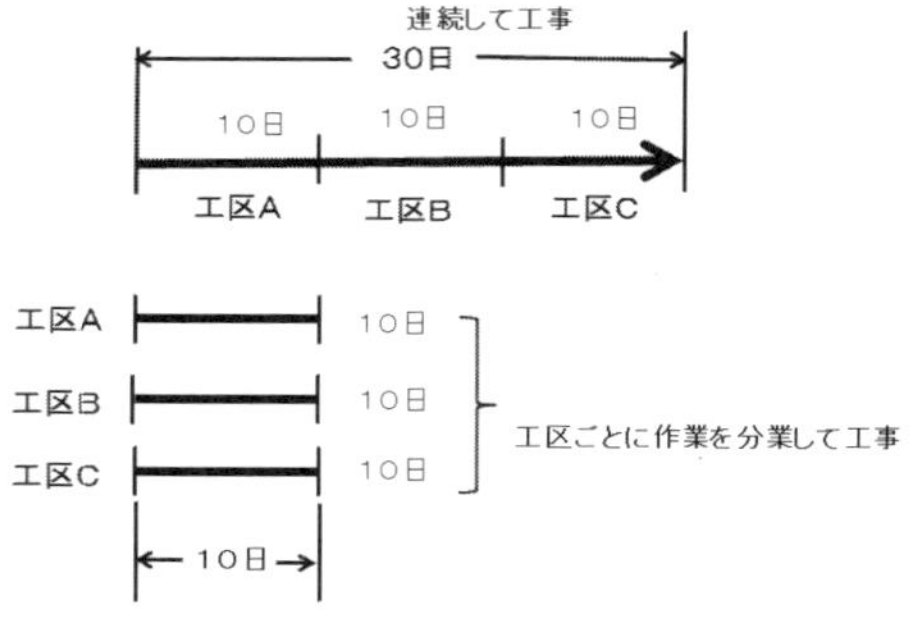

図2　作業分割と工期の短縮

5 幽学の考えた改革の手順

5・1 システム工学と同じ手順をふんだ改革

システム工学の分野では「システムの部分最適化は全体最適化につながらない」という原則がある。

一軒一軒の農家システムは部分システムである。部分システムの一軒一軒の農家の能率化をはかっても村全体の農村システムは能率的にはならず、生産性は向上しない。このために幽学は規模の大きな農村システムを実現することを思いついた。マンダラの宇宙を農村で実現することを考えた。その方法は、ばらばらに配置されている田畑をシステム的に統合化することである。これはマンダラの世界を農村に実現することである。

飯田は幽学のおこなった耕地整理を大陸の周代の井田法（せいでんほう）をまねたとしている（孟子）。日本でも口分田という太閤検地以前には六歳以上の男子には二段、女子にはその三分の二の口分田が与えられた。これは男女平均で二千平方メートルとなり、これが班田収受の法である。これを一単位として、三十六単位を集めて一区画とした。一区画は一辺が一町の正方形であり、田には一から三十六までの番号がついていた。これを口分田システムという。水田システムのできた飛鳥時代の日本の人口は約三百万人であった。幽学の考えた農地の大規模な改革の手順は現在のシステム工学の手順とおなじ方法である。明治維新まで我が国には科学という学問体系が生まれなかった中で幽学がシステムという思考ができ、それを実現できたのはマンダラの世界を知ったからである。彼はマンダラの思考法を耕地整理に利用している。目的は先祖株組合を成功させたり、農業の生産性を高めるためであった。このために、田畑の耕地整理や「ほ場」（田畑）の整理と土地の交換それに住宅の移転は農地システムの目的を実現するためである。幽学の思考法は現在の大規模なシステムを実行するときに直面するのと同じ問題点を予想しながら工事を開始した。名主や農民の意見を聞きだし、成功時での成果と失敗のときのトラブルやその対処法など数々の問題点を頭の中で描いて実行にうつした。これは恐るべき冒険である。江戸時代に幕府や藩の援助もなく、個人でこれだけの思いきった工事ができたのは幽学とそれを支えた遠藤・菅谷・林などの有力な名主の力によるところが大きい。畿内では一部の田畑で耕地整理がおこなわれていたという。しかし、幽学のような総合的なシステム思考で工事をおこなったのは彼が最初である。幽学の行動を現在のシステム工学からの「視点」でみるといろいろな興味のあることが浮かんでくる。

5・2　農村改革の手順

幽学のおこなった改革を現在のシステム設計の理論から検証してみる。幽学は図3の番号で示した（1）（2）（3）をどうじに考えながら改革をすすめている。彼の検討した内容を図3の左の番号から調べてみる。

（1）「システムの機能（目的）」を明かにすることから農村改革を始めている（Systems decision process より）。彼は農地改革の機能すなわち目的を明かにして名主の遠藤家・菅谷家や林家それに農民に工事が成功したときの効果を詳細に説明している。このとき、図3の矢印の下段に示すように農地改革にともない、工事に必要な「投資金額の推定」をしている。そして、工事が成功したとき、「成功の効果」について経

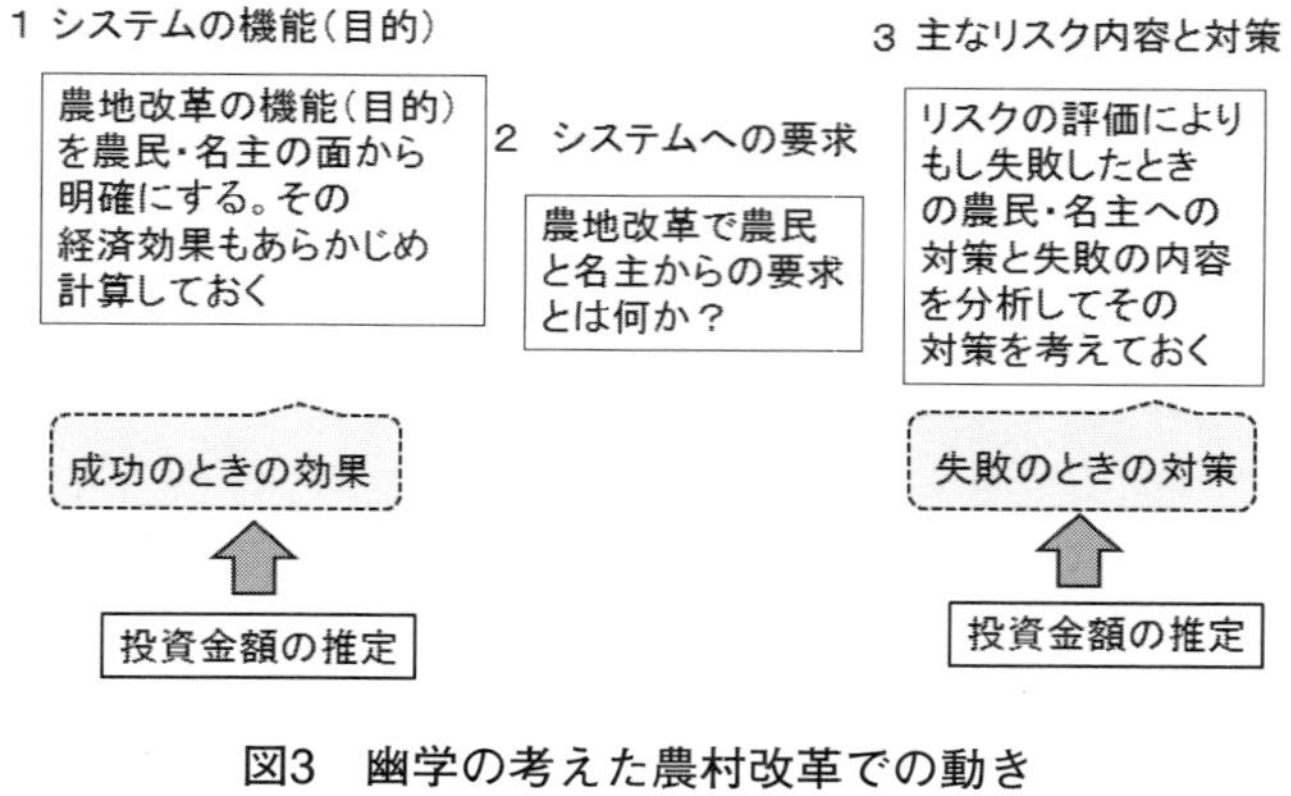

1 システムの機能（目的）
農地改革の機能（目的）を農民・名主の面から明確にする。その経済効果もあらかじめ計算しておく
成功のときの効果
投資金額の推定
2 システムへの要求
農地改革で農民と名主からの要求とは何か？
3 主なリスク内容と対策
リスクの評価によりもし失敗したときの農民・名主への対策と失敗の内容を分析してその対策を考えておく
失敗のときの対策
投資金額の推定

図3　幽学の考えた農村改革での動き

済効果を金額や米の量から計算して名主や農民に詳しく説明している。

（２）「**システムへの要求**」は１番の「システムの機能（目的）」にたいして工事計画にともない、名主や農民からの要求を組み入れている。いわゆるユーザである農民や投資をする名主の要求を受け入れている。システムはこれらの人々の要求を組み入れて検討して設計している。

（３）「**主なリスク内容と対策**」幽学は工事が失敗したときのリスクの評価についても詳細に検討している。図３の右端は現在でいうリスクを解析している。もし、工事がうまくいかなかったとき、失敗しても危機を最小におさえるだけの計画をたてていた。

5・3　農地改革の成功に要求される能力

農地改革が成功するために要求される能力を現在のシステム工学の面から検証すると、図４のような四つの能力があげられる。(Dr.John Farr,US.Military Academy参考)

（１）一番目が「**指導能力**」である。これは普通の人間ではできるものではない。幽学の人格とその行動力、

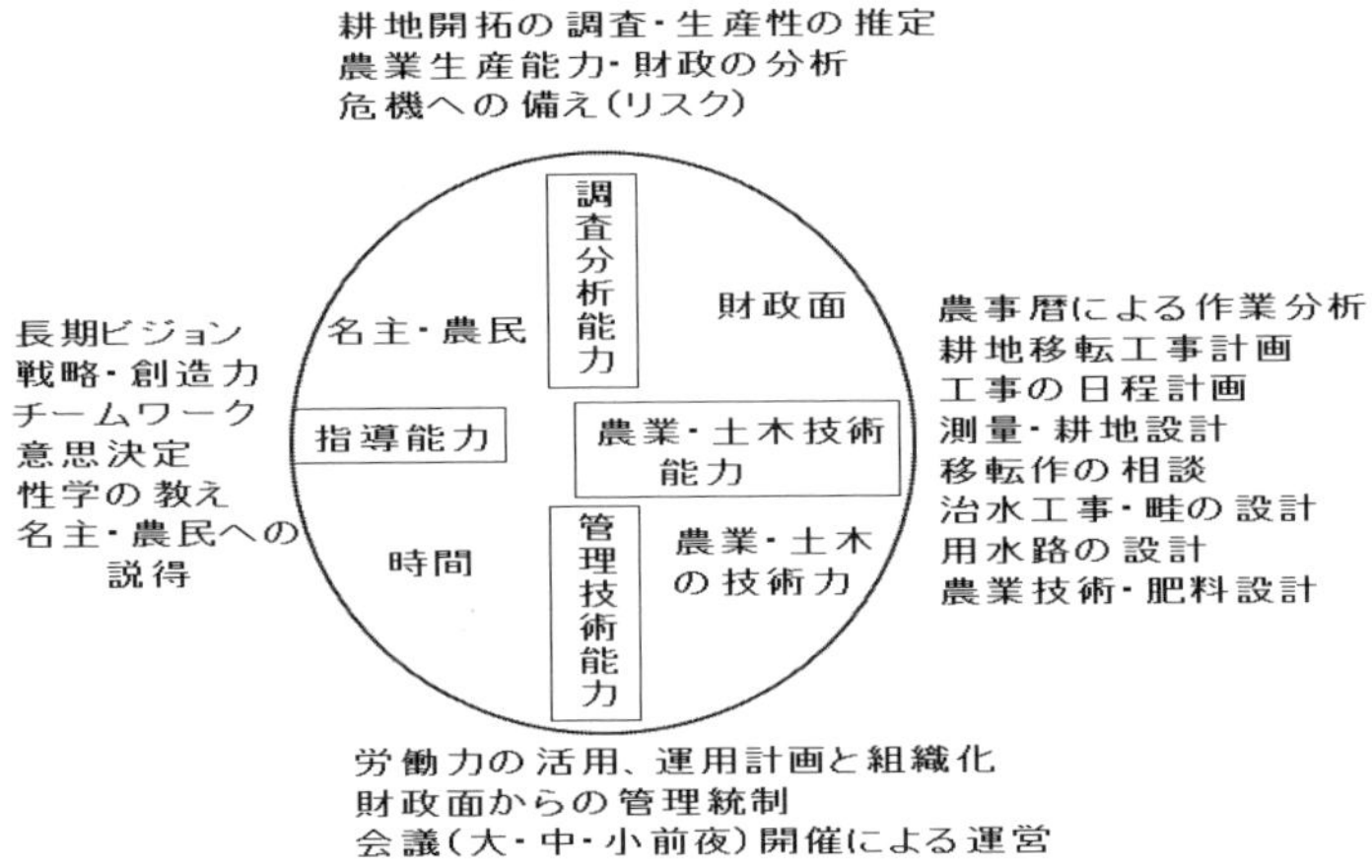

図4　農地改革で必要な4つの能力

村で起きた紛争での調停能力、農業や土木などの専門知識などなにをおいても彼の指導力に及ぶものはいない。幽学は困窮した農村を復興させるために村の長期ビジョンを描いていた。それを実現するための具体的な方法や戦略も考えていた。彼のたぐいまれな能力とその高い倫理観には村の指導者が共感していた。しかし、これだけ大規模の農地改革を実現するには幽学のみでは実現できない。このため、名主を中心にした道友の強力なチームワークが農民の中にできていた。さらに、名主の全面的な財政支援があったからである。

（2）二番目が「**調査分析能力**」である。幽学は農村を歩き地形・土質・農作物の現状・水利事情・家族構成・農業生産性などを調べていた。また、一軒一軒の農家での農作業の実情を調べた。そして、新しい農地改革のための下調べをしている。深い専門知識で工事の進行計画を分析していた。同時に、もし工事が失敗したとき名主や農民にどのよう損害を与えるかも計算していた。

（3）三番目は農地の開拓にともなう「**農業・土木技術能力**」である。彼の深い専門知識と優れたリーダシップを発揮しても一人の力では工事は進行しない。彼を支える技術者集団が必要になる。そのために彼等にも工事の詳細な内容と手順を示した。また、その技術も教えた。幽学は測量術にも詳しく、水利事業での測量をして田畑の面積を割り出している。幽学は一人で耕地の設計や工事に必要なコストを含むマネジメントもおこなってきた。また彼を補佐する農民もでていた。

（4）四番目は「**管理技術能力**」である。彼の考えた耕地整理や「圃（ぼ）場」の整備にはそれを実行にうつすための組織と具体的な計画、管理統制が必要になっている。これには幽学を補佐する人も必要であり、工事における資材の発注、保管、運搬や資材費用の支払い、食事の準備、工事の人夫費用の支払いなど工事のマネジメントを幽学は指揮した。

5・4　農村改革のための実行手順

以上あげた方法や手順にそって農地改革を実行に移すことになる。これは現在のシステムの実行と同じ手順になる(GregoryS.Parnell and PatrickJ.Driscoll)。農地改革の手順は図5のように左から順番に実行することになる。

（1）1番目は「問題の定義」から始める。ここでは農村では何が問題になっているかを明かにしている。望ましい状態と現状との分析である。幽学は現状を調査し、また名主と農民からの要求を聞き出した。そして、農地の形状の不規則な状態の問題、水利と水質などの事情・肥料投入・田畑までの移動距離など多くの問題点を明らかにした。農地の形状の不規則なために農作業はとびとびの場所でおこなうことになる。また、農地が自宅から離れた場所にあるため、自宅から資材や農具の運搬距離が長くなり、必要なものを運ぶにも、忘れ物を取りに帰るにも時間がかかり農作業にムダな待ち時間が発生する。また肥料や収穫物の運搬、草取りのための移動時間の増加などいろいろな問

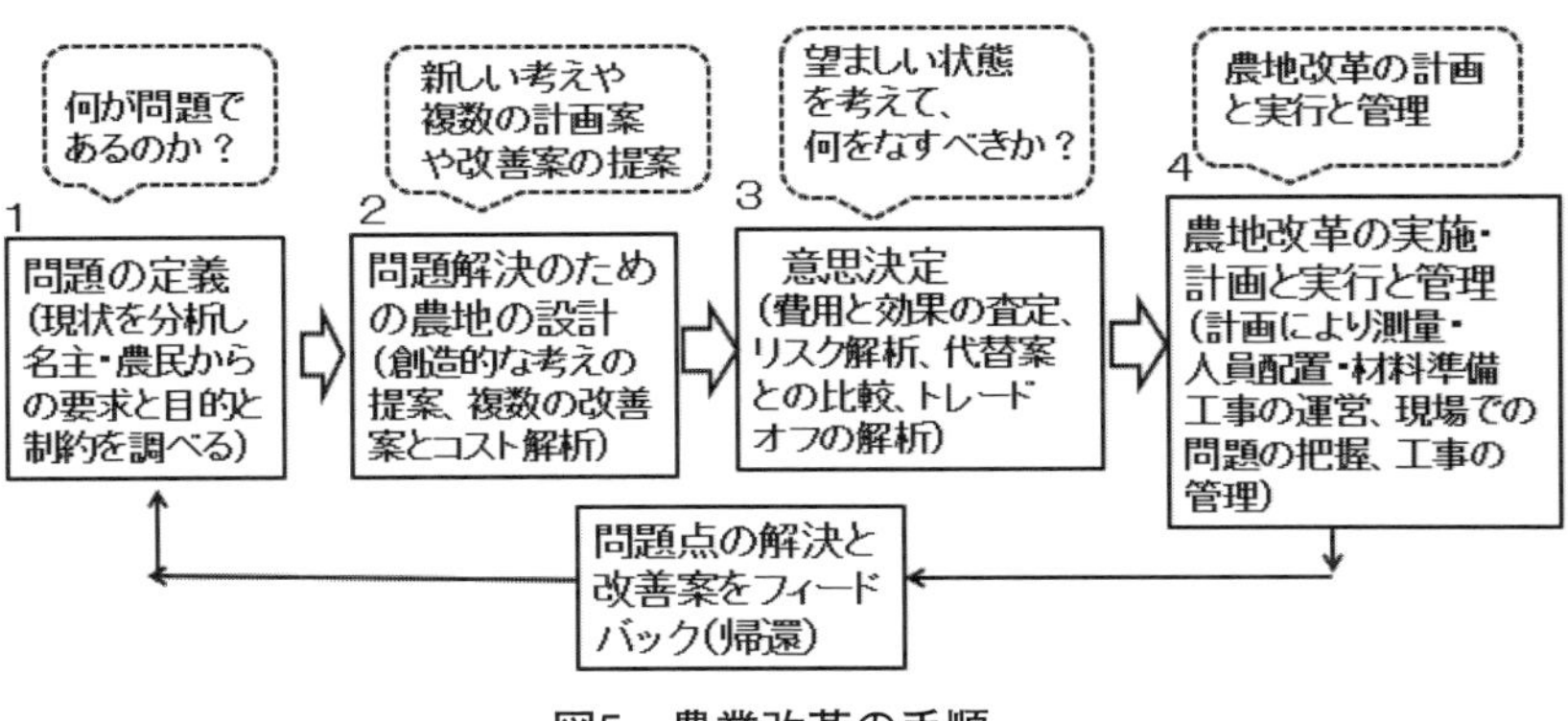

図5　農業改革の手順

題点を明らかにしている。

（2）**2番目は「問題解決のための農地の設計」**。幽学の独創的な考えで田畑の形状の統一や田畑に隣接した場所に家を建てる、家を高台に移転し、畔の形状を統一するなどの複数の案や工事の費用も検討した。この計画には名主も農民も参加して何度も議論をして、創造的な複数の提案を出しているはずである。最悪の場合でも、投資金額が回収できる計画をたてていた。

（3）**3番目は「意思決定」**。農民や名主の望ましい状態を考えて計画にもりこむ。計画案を実行に移すときの費用とその効果の査定をしている。また、失敗したときの代替案も考えに入れている。とくに農民どおしの希望と現状の間の代替案の提示をした。自宅から田畑までの距離が短いと運搬距離が短くなるが、その一方で水源地から遠くなるということが起きる。このように一方を立てると他方が犠牲になることを「トレードオフ」の関係という。この関係を農民とともに検討し改善案をだした。最終的には意思決定をすることになる。さらに動員人数の査定・工事資材の必要量の計算など工事に関係する一切の費用項目をとりあげている。

（4）**4番目は「農地改革の実行」**。幽学の指示により土地の測量・工事道具や資材の調達、現場で働く破畑人足（土木工事）や治水工事の専門家の動員、作業分担、食糧準備、賃金の支払いなど総合的な面から工事を実行しながら管理をした。

■圃（ほ）場の整備による生産性向上

●圃（ほ）場（田畑）の整備とは

昭和から平成にかけて日本の農村の風景は大きく変わり、田畑も変化してきた。ここでは田畑のことを「ほ（圃）場」と呼び、戦後、全国的に水田の整備がなされた。日本でもっとも「（ほ）圃場」の整備が進んでいる石川県の代表的な耕地例がホームページにでている。図6は耕地整理前で図7は耕地整理後の「圃（ほ）場」のイメージを示している（石川県ホームページ）。それまでの水田は図6のように、水田の形状も不規則で面積も小さく、あぜ道も曲がり、水を供給する用水路の流れも不規則になっていた。しかも自分の耕地がとびとびに離れた場所にあった。図6のように田の形状が不規則で水田の区画が小さいために水を流す用水路から田までの給水ができない。このため水はけが悪くなっていた。また、これまで用水路と排水路が整備されていなかった。この問題を解決するために戦後、図7のような田畑の整備がなされた。図7はシステム化されたマンダラの各院にそうとうする。幽学は一二〇年前にすでに「農村システム」として房総の村で「ほ場」整理を実現していた。このような「圃（ほ）場」の整理により農業の生産性が大幅に向上することになる。幽学はつぎのようなことをおこなった。これにより生産性が二倍から二・五倍に向上した

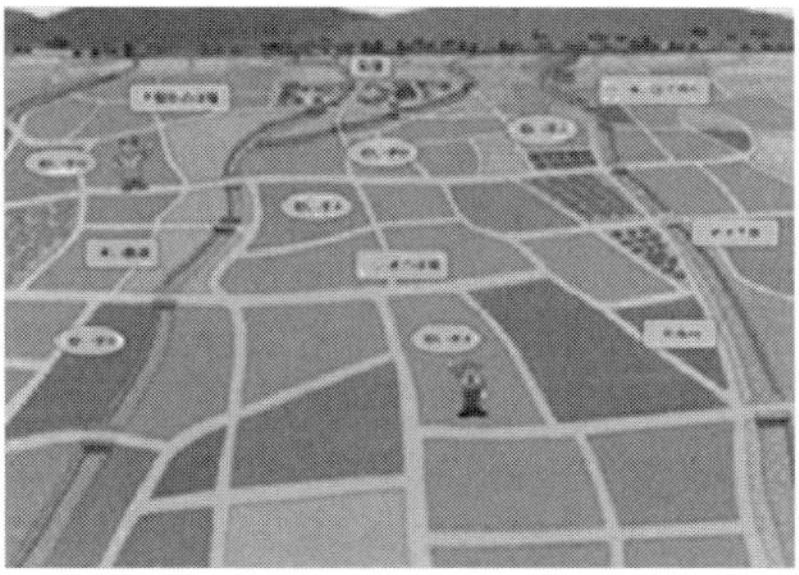

図6　圃（ほ）場の整理前

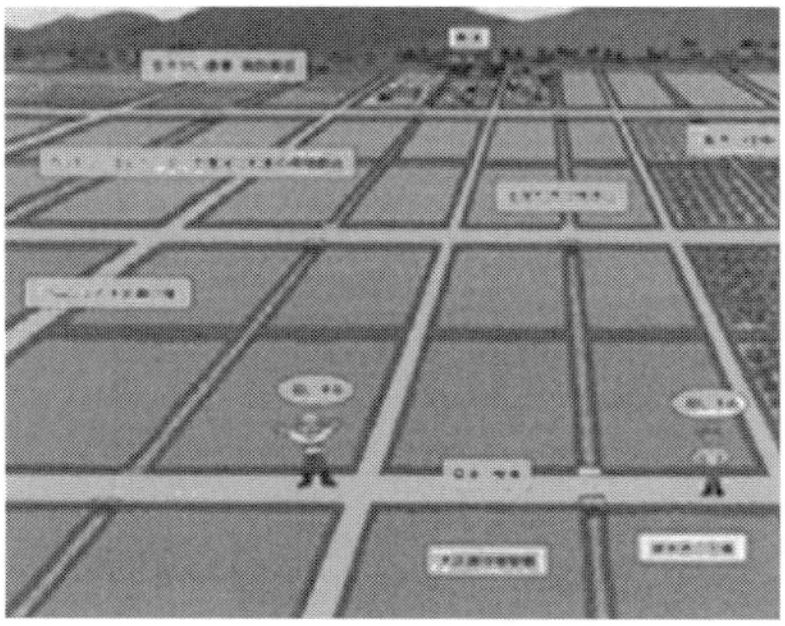

図7　圃（ほ）場の整理後

1．水田そのものの整備（区画整理、暗渠排水の整備）

水田を大きくして区画形状を整えたり、水はけを良くする整備である

2．作物に必要な用水と排水の整備（用水路、排水路の整備）

安定的に水を得ながらその水を効率的に使えるよう農業用水の整備をした。この結果、水のトラブルがなくなった。

3．作物を運搬する農道の整備（農道整備）

これまで曲がりくねった水田の畦道（あぜみち）を伝って歩いた。このため、農作業の苗や肥料の運び入れ作物、また稲の運び出す運搬作業の移動距離が長くなった。そして、農民に大きな作業負担をかけていた。これが農道の整備で運搬作業の移動距離が短くなり、作業負担や運搬作業時間が短縮された。

以上の3案を整備することで農業の生産性は大幅に向上することになる。働く人の作業効率が向上し作業負担も軽減される。作業時間の短縮になり、作業が早く終了して別の仕事ができる。いわゆる運搬作業のムダがなくなる。この当時の長部村は山沿いの土地が多かったために草木が茂り、それが田畑の近くまで覆っていた。飯田は耕地整理を決行したのは上方地方の耕地が比較的整正なのを見てこれにならったというがそのような単純な理由からだけではない。「農村改革の手順」で示した図5のなかの2．3にあるように、工事には莫大な費用がともなう。工事に関する綿密な計算をしてコスト面で採算があうかどうかを判断している。また失敗したときのリスクも計算に入れている。幽学の耕地整理は田畑のみならず、山林や宅地にも施した。しかし、個人のもつ複雑な地形の土地を測量し、

工事前と同じ耕地面積の田畑に変換するには大変な工事になり多くの会合（大・中・小前夜会）がもたれた。

■土地の交換分合

幽学は江戸時代に房総の地で「圃（ほ）場整備」とあわせて耕地の交換と分合ということをした。農民の住居の移動という考えられないことを実行している。まさに農業の世界に科学的管理法の中のシステムの工学手法を導入したパイオニアである。この整備には農民どおしの耕地の交換など複雑な業務がおきてくる。江戸時代には耕地の交換は生産性を高めるために一部の農民の間では行われていた。しかし、農民は土地への執着心が強く、祖先伝来の土地を他人の土地と交換することは大変なことである。このため幽学は一人一人の農民を説得している。現在でも法的に強制することが困難な整備作業を一介の漂泊の浪人の指導で実現している。土地の整備という、戦後の日本で国からの命令でおこなわれている大整備を、個人の指導で実行したことには驚き以上のものを感じる。これが実現できたのは幽学だけでなく名主の財政的な援助や農民の協力によるものである。これはわが国で始めてのことであった。

■土木工事にも詳しかった幽学

耕地整理という大工事は幽学がいないと実現できなかった。幽学は土地の測量・設計、作道の工事はもちろんのこと水路の開鑿（かいさく）や用水路の浚渫、溜池の工事などもした。用水路の工事では水量計算をし、土木工事では土量の計算から工事の日数と費用の計算までしないと耕地整理はできない。しかし、彼のおこなった工事の記録は残っていない。いったい、どのような測量器を用いて測量し、工事の動員人数や資材の確保や賃金の支払いなどをどのようにしたのか不明である。測量は大畑才蔵の用いたような簡単な「水盛台」をもちいたのだろうか。測量技術や治水工事の技術は才蔵の伝統をひいた高野山の麓の耕地開拓で身につけたものであろう。測量における土地の面積計算には江戸時代に出版された和算の本である「塵劫記」「割算書」「諸勘分物」などに多くの計算例がでている。幽学の時代にはオランダから測量技術が入って、多くの測量の書物が出版された。村井昌弘（1693～1759）により「量地指南」という本格的な測量の書物が出版された。この本の内容は（1）オランダから学んだ平板測量といわれている水平に置いた板の上に紙を置き、そこに直接、地形の縮図を写し取る技法と（2）方位測定器による測量と分度の矩（ぶんどのかね）による作図が主流であった。

■大畑才蔵と幽学の測量

幽学は田畑の移転では土地の測量という大きな問題をかかえていた。彼のおこなった測量術がどのような方法であったのかは記録に残っていない。この地域の村々には測量をして高度な計算のできる農民はいなかった。まして測量器などはないため他から借りてきたのだろ。もし、借り先がないときは幽学よりも155年前にでた大畑才蔵が使用した簡単な測量器を用いたのかもしれない。才蔵は幽学が何度も訪れた高野山ので独創的な農業をおこなっていた

●大畑才蔵の水盛台による測量器の開発と幽学の土地測量

大畑才蔵は独自に開発した図8のような「水盛台」という測量器を用いて土地の測量をした。その構造は円周が八ｃｍから二一ｃｍの竹を長さ約三ｍ（十尺）に切る。竹の節をくりぬいて中央に孔を

あけ、長さ約三〇ｃｍの細い竹をさしこむ。竹の中央に「五器」という水を注ぐ容器を取り付ける。竹の両端に枕という箱を付ける。枕は長さ四二ｃｍか四五ｃｍで幅が一五ｃｍ（五寸）である。枕の中央に「見当（受杖）」という板をたてる。「見当（受杖）」の板の先端に三〇ｃｍの板を打ち付ける。観測者は右側に立って先の見当を観測する場所まで移動させる。その原理は次に説明する。

図９は幽学が房総で活躍していた同じころ二宮尊徳と弟子の荒至重等が土地の測量で使した測量器である（今市二宮神社にて）。尊徳は幕臣であったため荒至重のような優秀な部下が多くいた。そして、尊徳が指示を出すと部下は思う存分に働いた。しかし、幽学には弟子はいなかった。この時代の測量技術から見て、幽学は尊徳が使用した測量器と同じものを使用したであろう。幽学も図９の上段のような測量分見器と下段の測量器類を使用して土地の測量をした。しかし、幽学は高度な計算をする助

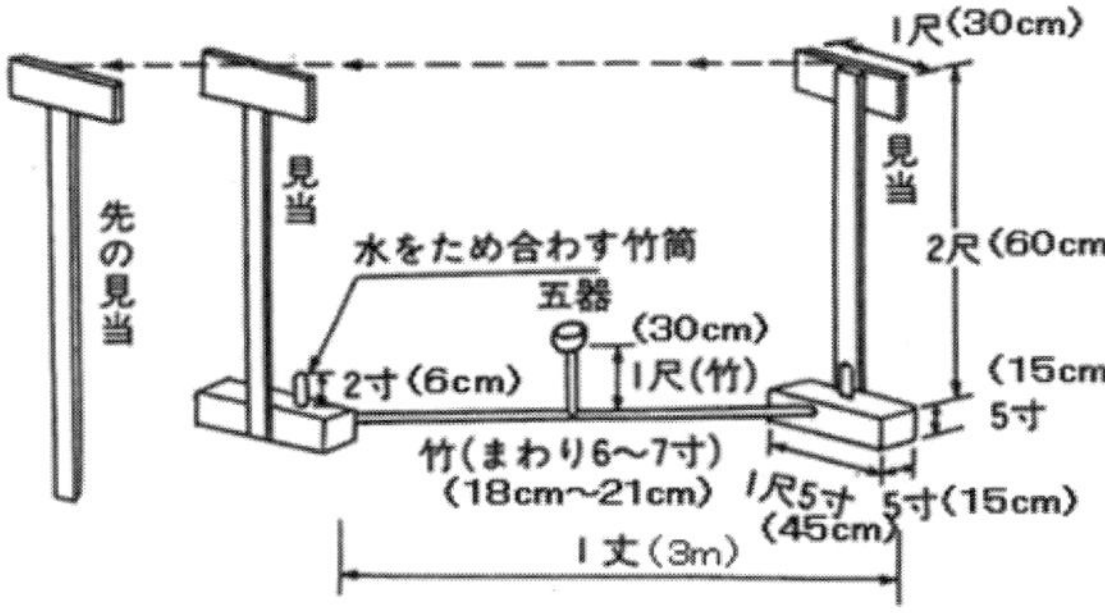

図8　大畑才蔵の開発した水盛台

図9　尊徳の使用した測量器

手がいなかったため自らが測量と計算をしたであろう。

■**測量の原理**

図10は窪地の深さを測定する例をもちいて使用法を説明する。測量は図10のように測量器を水平にして右側の観測者が前方に立てた寸法の記入した竿（さお）の目盛を読む。Bは分度器と同じで測量器が水平かどうかの角度を示す。補助員は寸法の入った竿（さお）を窪地の底から垂直に立てる。補助員は竿の位置が移動できるKの「見当」という箱を観測器と水平になるように移動させる。右側の観測者は、旗で補助員に連絡をして高さKを調整して竿の値を観測する。補助員は寸法Sを測定してKの窪地の深さSを読む。測量器の高さHとすると、窪地の深さは窪地の高さSから測量器Hを引算した値になる。

■**耕地整理による生産性の向上**

幽学は天保十二年に高弟の遠藤良左衛門の耕地整理をするために樹木・雑草の伐採をし、傾斜地を掘り崩し、不規則な畦道を無くして、直線にした。さらに客土法をおこなって地味を豊にした。図11はこのときの工事の例である。幽学は中央の水路を変更して、三〇センチメートルの用排水路を水田の周囲につくった。水源は山林と示す台地面の上段から湧き出している水を利用した。図11の白い部分が水田であり、太い黒線が水路である。田の区分けに畦畔（けいはん）という畦道が直線に引かれている。ここでいう畦畔（けいはん）とは水田を囲んで作った盛土等の部分のことである。この盛土

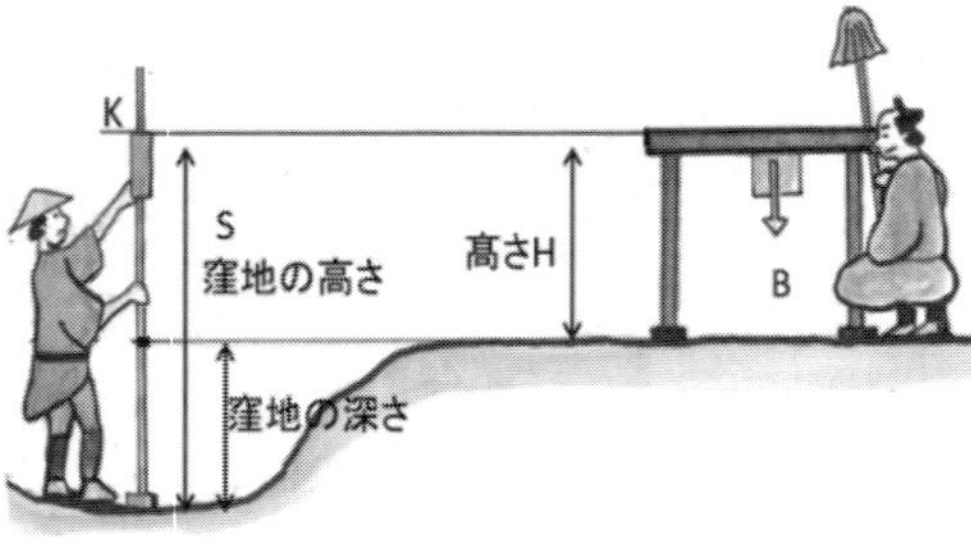

図10　測量分見器による測量

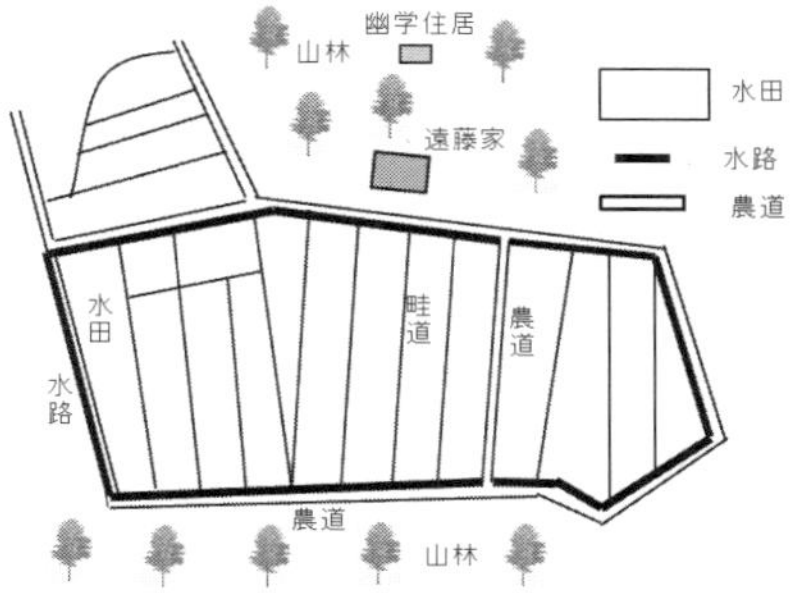

図11　土地の整理

の上を農作業で歩くことになる。水田は遠藤家と幽学の住居の下側にある。この結果、これまで反あたりの収穫高が二俵から三俵であったのが反あたり収穫高は七俵になった。生産性は二倍から二・五倍になった。畦道を踏み固めるために十二、十三歳の子供を動員して世話人が指揮しておこなった。現在も残る八石教会の前方にある水田一町五反はこのときのものである。整理前の耕地は小さいものは三坪や五坪から三十坪までがあちらこちらに分散していた。このふぞろいな田をまとめて百坪単位にし、大きな畑は四百五十坪に整理した。曲がっていた田のあぜ道である畦畔（けいはん）の形を変えた。以前は図6のような圃（ほ）場を図11ように直線にし、道路を改良して排水と給水ができるようなみぞを造った。このように排水と引水ができるようになったため二毛作ができるようになった。二毛作は年間を通じて耕作でき、土地を肥沃にし、冬には麦や菜種の収穫ができるようになった。

■耕地交換の計画と実行

「農村システム」の実現のために天保十二年に農民の耕地の交換のための会合がもたれた。幽学のねらっている「目的」は農村全体の能率化である。彼は農村をシステムとみなしていた。農民に耕地の交換の「目的」とその効果の素晴らしさを説明して理解してもらった。しかし、その「手段」には一部、反対があったはずである。「手段」には祖先伝来の土地を手放して他の場所に移転するという大変な仕事が起きてくる。ところが幽学は大きな反対を押し切って、家屋の移動を全村にわたり実行した。これを可能にしたのは林伊兵衛と遠藤伊兵衛の存在である。これに要する費用は林伊兵衛からの無利息・無期限の融資からなされた。さらに、名主の遠藤伊兵衛や村役一同にたいする絶対的な信頼があったためである。さらに、彼らは大原幽学に絶対的な信頼をおいていたためでる。

（1）農家は耕地に面して建てた（鏑木宿内での例）

幽学は鏑木宿内図12のように宅地と田畑の位置を測量し土木工事で整備した。これは香取郡の鏑木宿内部落での事例である。宅地を田の前に立て、その後ろに畑を設けた。相当な難工事であった。住居を田の前に建てることでつぎのような利点がでてくる。①田植や田の草取り、畑の野菜の種蒔きや取り入れなどの田畑への移動距離が短くなる②肥料の運搬や除草作業それに刈り取作業と稲の運び出しなどの荷役運搬作業や作業準備などで移動距離が少なくなる。③自宅から田畑の稲や作物の育ち具合が直接に見えてその日の作業の段取りが立てられる。また田畑の災害への対応がすぐに処置できる。④自宅の庭でおこなう収穫作業なども自宅から田畑からに近いために容易におこなえ、運搬作業も便利になる。⑤自分の田畑だけでなく近隣の田畑の状況が把握でき、農作業の手順が共同でおこなえる。

（2）高台への住居建築

家は田のそばの高台に建てることになった。高台にあることで毎日、

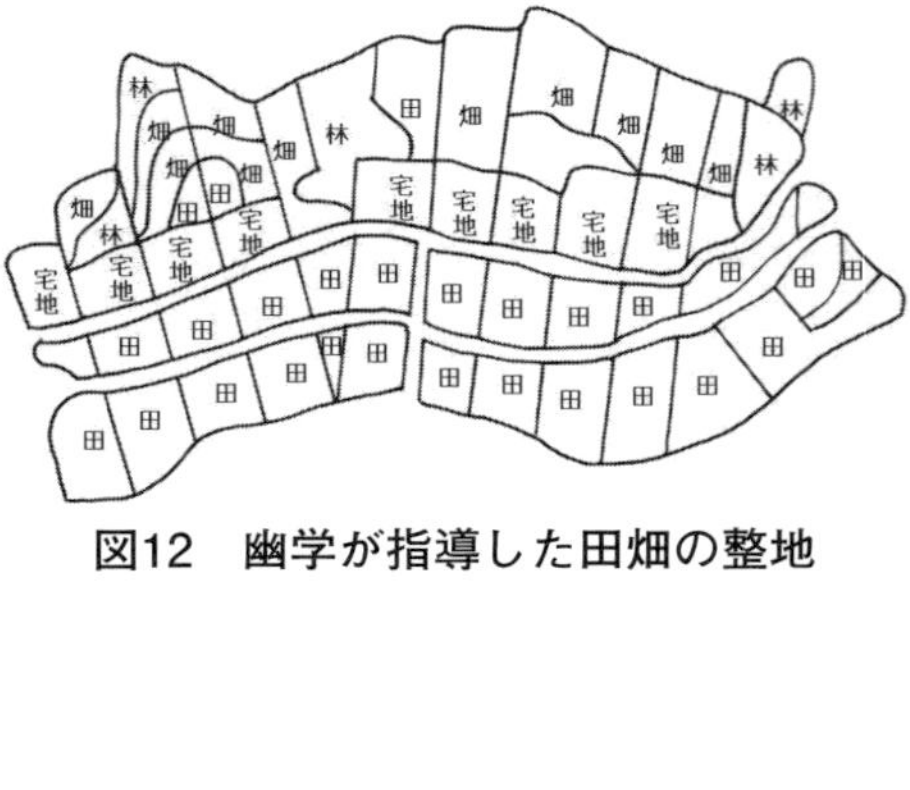

図12　幽学が指導した田畑の整地

田畑を眺めて稲や野菜の育ち具合の確認や、給水の状態、天候の確認など農作業の情報を田畑に隣接することで直接、調べることができる。また、洗水や下水は高い屋敷から低地の田地に流れ込んで土地を肥やすことになる。幽学は家の建築にも詳しく自ら設計をしている。彼は多くの農民と相談して議論しながら決めていたものである。図13は高台への住居移転のイメージ図である（越川、大原幽学記念館）。家の前に田が広がり、家の後ろに木を植えてあり、その上に畑がある。農家から田畑も近く農作業は楽になり、田畑を移動するというムダな時間がなくなる。

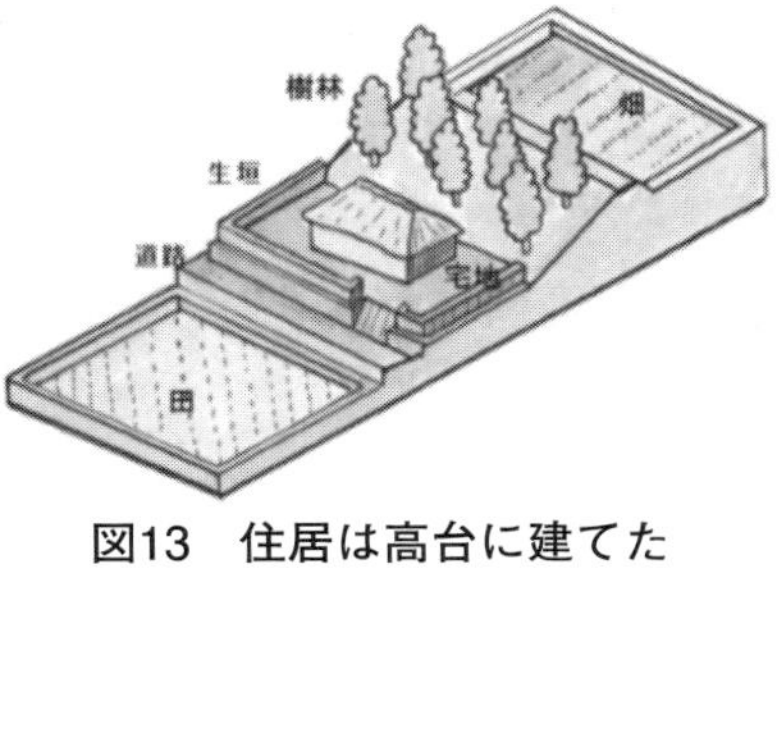

図13　住居は高台に建てた

（3）二軒ごとの農家の移転

農家は原則として二軒ずつを一組にして分散移転して建てた。すなわち、田の前には二軒の家を隣接して建てた。二軒の家の組合せは親戚関係の者を排除している。幽学は「道友」というものを重要視した。そして、本家や分家という同族関係や上下関係を無視した新しい家族関係を築いている。これにより互いに助け合い、互いに譲り合う精神が養われることになる。

（4）田畑と住居の隣接

これまで長部村の農家は同じ場所に集団で建てられていた。ところが、一軒一軒の農家から田畑までは移動距離は長くなるという問題が起きる。これにより（1）であげた「農家は耕地に面して建てた」と反対のことが起きる。図14は長部村集落の移転前と移転後の配置図である（越川春樹「大原幽学研究」）。黒色の四角印■は家が移転する前に集団で生活していた位置を示す。幽学は集団で建てられていた農家を図14の丸印◯のように二軒を組にして田畑に近い場所に配置換えをした。農家を田畑に隣接して建てることには（1）の「農家は耕地に面して建てた」であげたような大きな利点がある。これにより田植で苗を運び、刈り取った稲や肥料の運搬などいろいろな作業での農家から田畑への移動距離が短くなる。したがって運搬作業の時間が短くなる。この結果、農民の作業負担が少なくなり、疲労の軽減につながる。また、田畑に隣接して住居があるため毎日、田畑を観察して稲の育ち具合や雑草の茂り具合などを家から見ることができる。その日の作業計画が瞬時に立てられる。これは現在のトヨタ生産方式の「見える化」にそうとするものである。田畑の状態が直接、家から見え、雨季や台風の到来でも直接、雨の量と田畑の水量の変化が見える。また、稲の成長が農家から見える。幽学はこの時代にすでに「見える化」という現在の工場管理で重要な方法を実現していた。

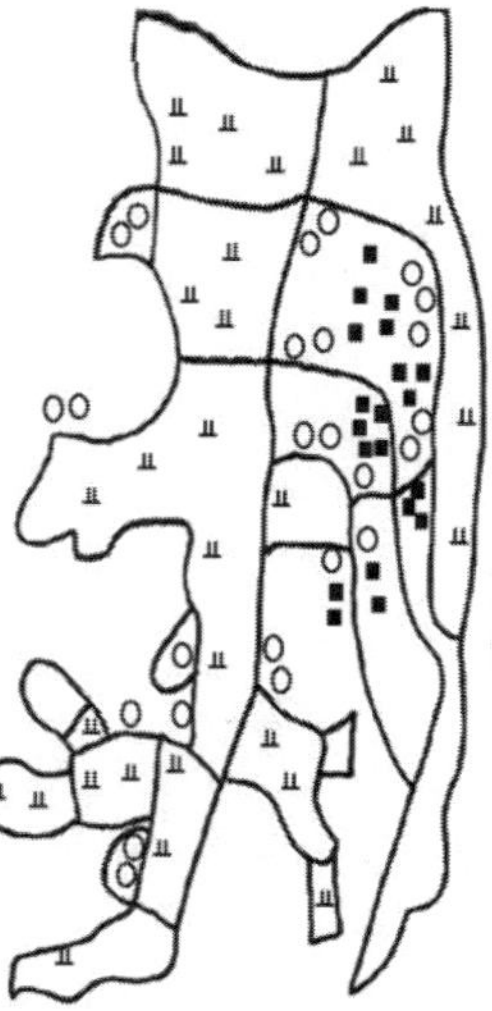

図14　長部村の農家の配置図
（■は移転前、◯は移転後）

■住居隣接の経済評価

農家の分散移転による経済効果について定量的に評価しなければ人々は納得できない。ただ、田畑に隣接すれば良いというのでは理由にならない。このことを定量的に証明しないと幽学の計画が単なる定性的な計画に終わってしまう。■は移転する前の住居位置である。図14の中央周辺に集中して立地している。それを図14の◯のように二軒を一組にして配置を変えた。ここでは住居の移転による経済効果を仮想の住居を例にして評価してみる。評価法は前に述べた大畑才蔵の提案した「運搬重量×運搬距離」の「トン・キロ法」である。幽学はすでにその経済効果を「トン・キロ法」でできることを才蔵の資料から学んでいた。

農家の集団配置と分散配置の評価

■集団配置の場合の評価値A：

図15は集団で同じ場所に住んでいる住居の例をモデルとしてとりあげる。10軒の農家が同じ場所で集団で生活していると仮定する。農作業では田畑に運ぶ苗、藁、草、肥料、籾と収穫した稲を田から農家への運搬作業が発生する。これらの運搬する品物の重量を家一軒で年間平均六百キログラムと仮定する。すると図15のように一〇軒の農家は村から離れたそれぞれの田畑への運搬作業による移動が起きる。図15のように一〇軒の農家では遠距離の田畑まで六〇〇ｍあるのが四軒、四〇〇ｍが四軒、一〇〇ｍが二軒とする。先にあげた大畑才蔵の**「トン・キロ法」**により「運搬重量（トン）×距離（キロメートル）」を計算する。

①集団配置の評価値A＝六〇〇ｍ（〇・六キロメートル）×四軒×六〇〇キログラム（〇・六トン）

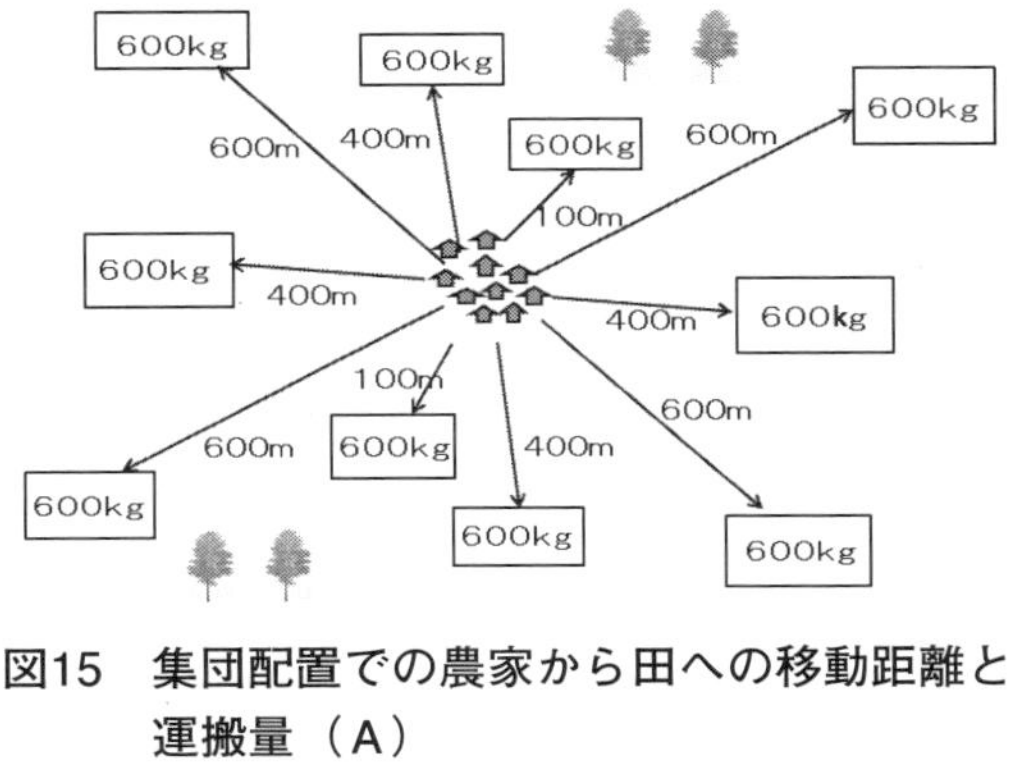

図15　集団配置での農家から田への移動距離と運搬量（A）

＋四〇〇ｍ（〇・四キロメートル）×四軒×六〇〇キログラム（〇・六トン）＋一〇〇ｍ（〇・一キロメートル）×二軒×六〇〇キログラム（〇・六トン）＝二・五二（トン・キロメートル）したがって集中配置のときの評価値は二・五二（トン・キロメートル）になる。

■田畑への隣接配置した場合の評価値Ｂ：

一方、図16のように一〇軒の家を田畑の周辺に隣接配置した。このとき一〇軒のすべての農家は自分の田畑の前に家が建つことになる。家から田畑までの移動距離は一〇メートルと仮定する。このため、「運搬重量（トン）×距離（キロメートル）」はトン・キロで示すとつぎのようになる。

②隣接配置の評価値Ｂ＝一〇メートル（〇・〇一キロメートル）×一〇軒×六〇〇キログラム（〇・六トン）＝〇・〇六（トン・キロメートル）

したがって田畑への隣接配置をする隣接配置では〇・〇六（トン・キロメートル）になる。

■評価値の比較と現在の立地論と作業負担

以上の二つの評価値を比較する。現状の集団で生活するとき集団配置のときのトン・キロの評価値は二・五二（トン・キロ）となる。一方、農家を田畑に隣接配置では〇・〇六（トン・キロ）になる。これは村全体からみると現状の農家を集団で配置するよりも田畑へ隣接配置すると約四二倍も効率が

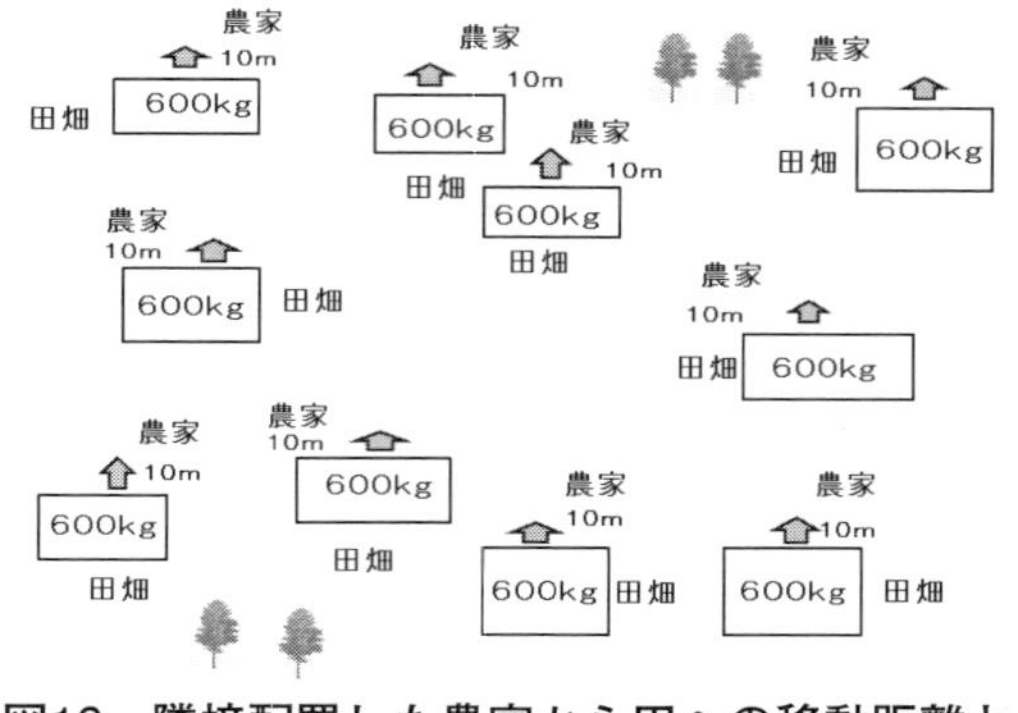

図16　隣接配置した農家から田への移動距離と運搬量（B）

よくなる。すなわちムダな運搬作業がなくなり移動時間が短くなる。この結果、作業能率が高くなり、人間の作業負担が大幅に軽減できる。幽学の提案した方法は現在の科学的管理法の中の立地理論と同じ方法である。

これと同じ問題が現在の工場立地問題や物流センターの最適な設置問題でも起きている。そして、同じ理論が現在も採用されている。当時の農民には理論はわからなかったが、基本的な考えには理解がえられていたはずである。幽学は百六十年前に現在の最適な立地問題や科学的管理法のなかの人間工学で作業負担の軽減という考えを理解していたことになる。

■幽学の土地測量と小作料の査定

天保九年（１８３８）には長部村では林伊兵衛からの融資により先祖株組合を立ちあげた。さらに天保十二年に名主の遠藤家では農作業の日程計画である「仕事割控」がたてられた。暦により一年間の農作業の予定表が作成され、それにしたがって日常の作業がとりおこなわれた。同じ年に幽学は遠藤家の水田の中から小作にだす土地の測量をしている。当時の田畑は不規則な形状になっていた。彼は田の測量図を作成し、面積を計算し、そこからできる米の量を求めている。図17は名主伊兵衛の所有地の耕地整理のために幽学が測量した土地の測量

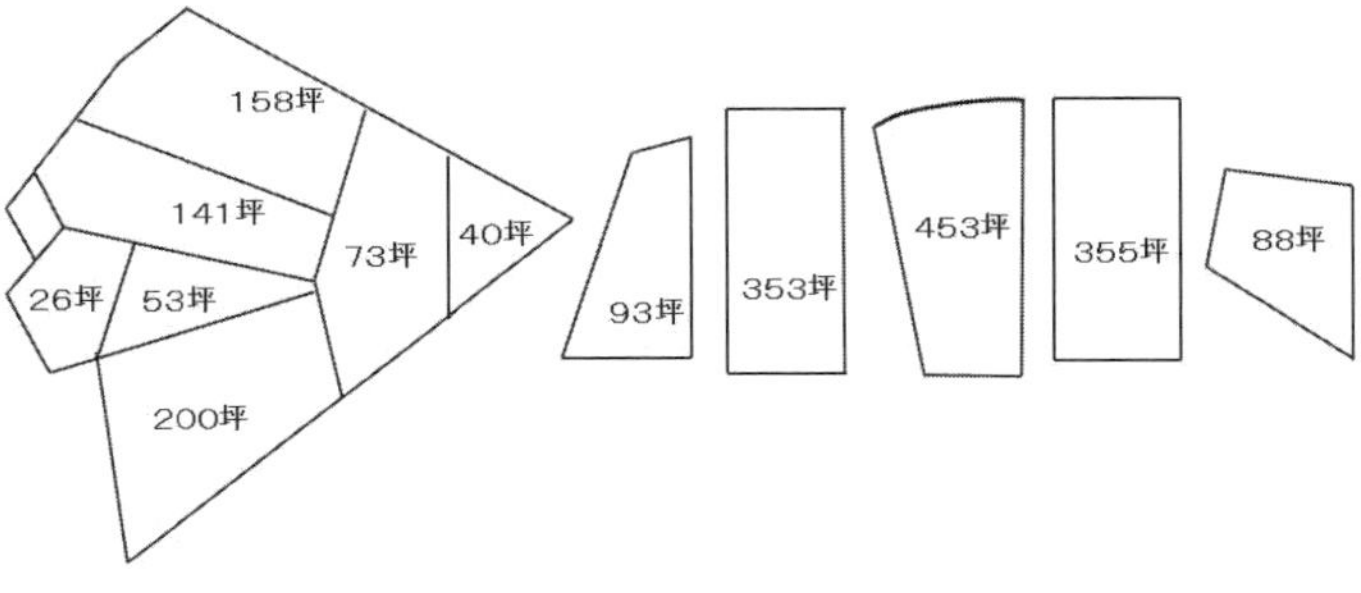

図17　名主伊兵衛の所有地の耕地整理のための測量図

図の概略図である。測量図から小作米（附米）の量を決めている。遠藤家が持っていた田は「字八石方田地有町分附米控」という帳簿が残っている。そこには幽学が測量した林家の土地の測量図が記録されている。土地は十五の区画に分けて測量し、その合計面積は一町五反八畝四歩九九（一五六六八平方メートル）で、この面積の小作米は米四一俵五升であった。小作料は一反について一石四升である。幽学は先にあげた測量技術を用いて、田畑の面積計算もでき、高度な和算能力をもっていた。彼が測量した遠藤家の一五カ所の土地の形状や田畑の面積が残されている（大原幽学全集）。このような計算をした理由はすでに畿内では地主が小作地の土地を測量し、測量した面積に小作料率を掛けて土地の小作料を決める方法がおこなわれていた（中井）。

■検地と竿のび

この当時、全国の土地は秀吉の検地により面積が計算されて検地帳に記録されていた。ところが検地の面積は「竿のび」として余裕をもって内輪で面積が測量されていた。検地面積よりも実際の面積は二割から三割広くなっていた。このため、実際の面積に石当たりの小作料を掛けると、二割から三割広い小作料になる。増加した小作料が地主の収入になる。中井氏によると現在の土地の大きさ（有畝歩（ありぶせ））で小作地を貸付ける方法は畿内では一般化していたという。幽学は畿内でおこなわれている方法を長部村の地主の小作地経営に利用した。さらに、自給肥料の使用や植え付け時期の変更や作業段取の改善で小作地の生産量の増大を見込んでいた。小作料の反当たり一石四升を八年間据え置きにした。標準値の変更を五年ごとに変更している。この後は五年ごとに四升ずつ増やすことにした。これは二宮尊徳の分度と同じ考えである。標準値（分度）の上限を一石二斗にし、二期めからは生産量が増えても小作料は据え置くことにした。小作料の計算に肥料代を控除したり、耕地の改良を地主が負担したこともある。二宮尊徳と同じように農民に負担を掛けないようにし、管理限界を設けて農業経営をおこなっていた。

■分相応と規矩（きく）という標準化

幽学は家々の富を守るには、まずその家の規矩（きく）、すなわち「標準値」を立てることを教えた。「規矩を立てるには礼を知ることである。そのために、礼を失うときは、その規矩は敗れることになる」としている。家を守るには礼を知り、「分相応」の「規矩」を立てることが必要である。「規矩」とは「基準」や「標準」のことである。「礼」をもって「規矩」という「標準」や「基準」をきめることが仕事や商売の基本になると教えている。標準を決めることは現在の企業経営ではあたりまえのことになっている。彼は生活の中にも「規矩」をたてて質素に生活することを教えている。そして、いろいろな「標準化」を指導してきた。たとえば稲の正条植えという標準作業も導入した、農事暦の採用や農作業の年間計画による作業の標準化、耕地の整理に土地の標準化、一括購入などがある。その中で驚くのは墓石の標準化をおこなったことである。これまで、この地域の墓石の寸法は大きいものが多かった。このようなムダをなくするために幽学は図18のように墓石の寸法を標準化した。どのような富豪でも、図18のような規格の墓石に決め、これ以外の寸法の墓石は建てさせなかった。同じようにそれぞれの商家でも売り上げ

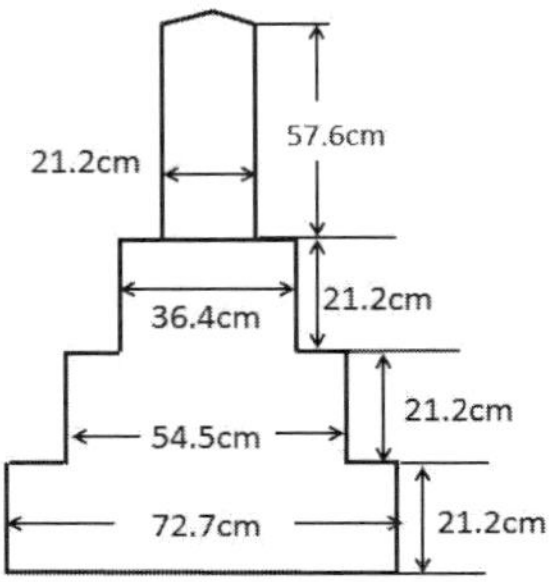

図18　墓石の標準寸法

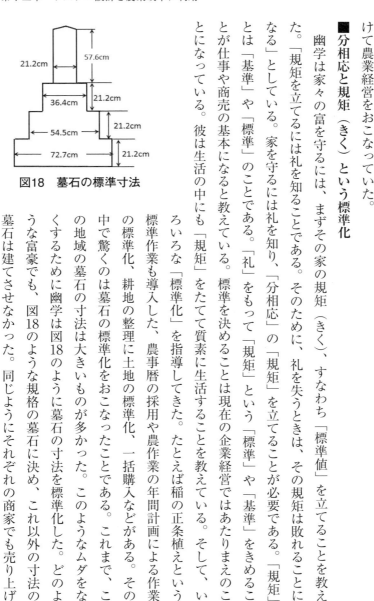

の「規矩」が決まらないと経営はなりたたないことを教えている。農業では収穫高の「規矩」をきめないと年貢の計算ができない。商家の運営には「規模に応じたシステムを樹立し、それに即して運営することである」とみている。「分相応」の生活をするには「規矩」となる標準がきまらなくてはならない。それを運営するために「人やモノや金や情報」が円滑に動かなければならないことを知っていた。「規矩」は基準であり、手順であり、方法である。幽学はその実現には人々の心の中に「礼」が重要であるとみていた。これは現在の企業経営でも同じことである。「分相応」の「規矩」を立てることが企業経営の基本で幽学の時代も現在も同じである。

■分相応と器量相応について

幽学はさきに述べた「分相応」と「器量相応」いうことを重要視した。「分相応」と「器量相応」は一対で使用されるものである。「規矩」は現在の管理用語でいう「標準」のことで「標準作業量」であり、「標準作業時間」である。「分相応」は「規矩」できめられた基準や標準にたいしての実際の作業量や売上高の比較からつぎの行動を起こす基準のことである。「器量相応」の「器量」とは器の中に入る限界である。「規矩」できめられた基準や標準にたいして、どのていどの「器量」があるかでつぎの行動が決まってくる。家や村の「器量」を知ることで「規矩」(基準)との比較ができる。たとえば米の収穫で、「規矩」となる基準量にたいして、実際の出来高である「器量」が低くなると、行動としては、田植えの時期を早めたり、肥料を改善したり、土壌の改良をしたり、畑では新しい野菜などを植えたり、生活費を倹約して「分相応」の生活をしなければならない。仕事において農作業をする百姓の仕事量の「規矩」の基準が決まると、作業能力の限界がわかる。そして、一人当たりの生産量が計算できる。仕事量の「規矩」である標準作業量にたいして、実際の収穫高の「器量」を知ることでこの両者の比較から「分相応」の生活水準が決まる。幽学は「一町作るのが分相応のところに、一町二反も三反も作ると、作業は遅れ、肥料も少なくなり、地面が荒れて、生産量も少なくなる」と「分相応」の重要さを教えている。そして、「分相応」を守らないのは「強欲心」からでているとみた。

■家の設計と防災の備え

●建築の「分相応」と規矩

幽学は技術の天才であった。彼は家屋の建築についても一流の設計技術を習得していた。漂泊の旅での短期の滞在では技術の習得は不可能である。長期間にわたる滞在をした高野山と伊吹山の松尾寺で技術を習得したものであろう。飯田の書いた「大原幽学の事蹟」には住宅の写真がでている。すべて幽学が設計したものである。彼は一本の梁木を用いなくても、堅牢な家を建築し、一三〇年後でも家に傾が出ていないことが報告されている（昭和十六年）。彼の建築した家は普通の農家の屋根は藁（わら）の庇（ひさし）とし、裏は瓦また杉皮葺（ふく）にし、家の構造や間取りはは身分におうじて差をつけた。家の勾配は低く、標準寸法を五寸とし、屋根の厚さを一尺二寸を標準にし、柱も四寸角を用い、敷居、鴨居の厚さは一寸八分と決めていた。その他の味噌部屋、台所、納屋もすべて標準化をしていた。まさに規矩（きく）という標準化を住宅にも採用していた。彼は住居についても分相応に応じて家まで標準化した。収入に応じて家の規模まで定量化をして分類していた。家の収入に応じて大前（30石以上）、中前（30石以下で10石まえ）、小前（10石以下）の三通りに分けた。そして、家を自分で設計している。彼は従来の建築の思想とは根本的にことなる方法を採用した。彼が設計した家が百数十年たったいまも使用されている。彼は座敷と同じ大きさの台所を広くとり家族がそろって食事をとれるようにした。台所では今日の一日の出来事を話合い、明日の作業の打ち合わせなどの交流の場にしていた。家庭内ではあいさつなどの礼を大切にした。彼は火災への備えを考えて井戸、貯水池を設けた。家の周りには防火用の木を植えた。彼は緊急の備えとして、科学的管理法の考えで家内での整理整頓を徹底した。農具からいろいろな道具、衣類、手ぬぐい、下駄などの置き場をきめ、どのような暗闇でもとりだせるようにした。また火災がおきたとき緊急に持ち出す商品の順番をつぎのように決めていた。まさに家庭の中に危機管理の思想を持ち込んでいる。一番目には神仏があることは、人間の行動の原点が神仏にあることを教えている。ここにあげている順序は現在の日本人にも通じるものである。

一番目：神棚、仏壇、二番目：金、証文、三番目：夜具布団、四番目：鍋・釜類、五番目：食糧品類

■その他の幽学の仕事

●表彰制度

幽学も尊徳と同様に孝行者や勤勉な者を表彰する制度を設けていた。そして、景物（賞品）をあたえている。幽学は日ごろから祝儀などの贈り物を一切受け付けなかった。ただ、ときどき開催される大会での祝儀を積み立てていた。正しい行いをする者に表彰してあたえた。景物（景品）には大景物、中景物、小景物の三種類を設けている。身分に応じて幽学自作の和歌・俳句を贈っている。また、品物や金子も贈っている。とくに道友は幽学から表彰されることを非常に喜んでいる。幽学の表彰は家

庭を支える子供や女性などにもあたえている。たとえば、つぎのような例がある。
（1）栄左衛門のせがれ三郎（一三才）：手習いをよくしてさらに、田を五畝耕し、また体が小さいのに米を一日で一俵ついたため表彰した。景品は墨を一個もらった。
（2）娘いと（一三歳）：夜中に米四斗二升をついた。少女にしてよく働いたために、景物（景品）には針箱をもらった。
（3）彦三郎の妻：一日に稲四百八十束をこく。夫に仕えてよく働いたので景品にかんざしをもらった。
幽学は人間がどの程度の仕事ができるのかを実験している。そのため、人間工学と同様に作業負荷をあたえて作業量がどの程度まで増加するかを研究している。

■病人の治療と薬の調合

　幽学は農村を廻りながら生活指導とともに病人を救っている。彼は薬の調合ができ、病人を治す漢方医学も心得ていた。この時代の農村には医療施設などはなかった。幽学は漂泊の生活の中で多くの村々の中で病に苦しむ大勢の人を見てきた。そして彼らを救うために漢方医学を用いている。幽学は諸国を回る中で全国の名医の教えを受けている。昔の儒者は儒学とともに兵法書と医書の一部は学んでいた。しかし、これは必修の条件ではない。幽学は医書をひととおり読んでそれを実践している。図19は大原幽学記念館に残る漢方の薬を調合した薬研、薬草切のスケッチである。そのほかに薬草箪笥などが展示されてい

図19　薬研と野草切

る。薬草箪笥（たんす）には江戸から各種の薬草を購入して準備していた。門人や家族に病人がでると患者を診察して煎薬や散薬をあたえている。門人の医者には漢方薬の調合法や患者に薬の与え方などを細かく記録して指導している。「配合録」という上下2巻の記録が残っている。幽学が病人に配剤して投薬したカルテのようなものである。この記録によると幽学は医師としても村々の患者に薬の投与と治療をしたことが詳しく書かれている。たとえば

十月二十八日

桔梗湯（ききょうとう）　参　佐左衛門母

葛根湯（かっこんとう）　六　七郎右衛門

彼は予防医学にも気を配っていた。日常の食生活などへの心配りを細かく指導している。これまで儒者でありながら子弟愛のために医学を学び、これを弟子に教え、医者としても大成した中江藤樹や帆足万里などがいた。本居宣長や平田篤胤は医師を生業にしながらも国学を大成している。幕末の佐久間象山や橋本左内などは優秀な蘭法医で西欧医学を修めながら維新の志士として活躍していた。

●医師の心得

幽学は医家にたいしてもこれまでの漂泊の人生から独自の教えをもっていた。彼が門弟の医師にあたえた心得として「医師生涯の心得」が残っている。そこには七か条の注意事項が書かれている。

一　医者は仁道をおこなうこと。

二　薬売りをして金を儲けてはならない

三　病人がでると風雨雪霜のときでも自ら行動し、病人の家を訪問し、なまける心があってはならな

い

四　飲酒は生涯にわたって禁止すること

五　病人のでた家では食事のごちそうを受けてはならない。空腹のときは麦飯・粟飯を食べて別におかずなどを準備しないでふつうの日常食ならば食べてもよい。

六　薬のお礼は受け取らないこと

七　医行は人が困っているのを助けるのが仕事である。なるだけ薬は2帖か3帖をあたえてから回復にむかうようにすること。

人びとが困っていることに気が付かないことは父母を恥かしめることになり、生涯にわたって安心できないことを悟らせた。この七か条以外にこれに似たことが起きると、毎日反省して改めなければならない。さらに幽学は「聞書集」で、「医者は、病人を治すことに気をいれるべし。身のまわりや、自分の身上などを考えるときは、必ず病人を大切に見ないことになる」と忠告している。医者は病人を中心にして仕事をしなければならないとも述べている。

第十四章　迫害と受難

■関東八州取締役からの取り調べ

嘉永四年四月十八日に幽学五十五歳のとき八石教会の改心楼に鏑木栄助など数名の博徒が乱入した。この事件は関東八州取締役が命令して起こした事件である。関東八州取締役（通称は八州廻り）は移動警察の働きをするもので、ほんらいは治安をはかるためのものであった。関東では浪人や博徒への取締りがおこなった。この事件は関東八州取締役の中山誠一郎が、ほかの出先の役人と結びついて権力を悪用していたといわれている。改心楼に乱入した数名の博徒は飯岡の助五郎の子分で、関東八州取締役の手先になって悪事を働いていた。乱入の目的は金をゆすりに来たものであった。博徒にとり幽学の教えは人間を正常にするため、悪事をはたらく仲間が少なくなってしまう。これは彼等の生活をおびやかすことにもなった。彼らにとり幽学の存在が大きな障害になったということが暴力の原因であるという。この当時、関東取締出役は治安の悪くなっていた房総の地を取り締まるために無宿人・長脇差の博徒にまで取締りをひろげた。しかし、八石教会はその運営を届けており法的には何の問題もなかった。房総の地や関東には明治維新で長州のように身分に関係なくあらゆる階級のひとが団結して明日の日本を夢見て戦う思想や組織ができていなかった。それは江戸時代にかけて有力な大名がいなかつたのも一つの原因である。房総地方は小さな旗本領が多く、領地の管理もずさんであった。このため取締りがいきとどかず、多くの浪人や博徒が関東に出ている。

■取締出役からの取り調べ

「改心楼」の乱入と金銭強請事件は「牛渡村一件」として取締出役によりとりあげられた。事件から幽学や門人の調査が始まった。幽学に疑いがかかった理由は嘉永三年におこなわれた「改心楼」の建築と長部村の隣の鏑木村での宿内部落の造成であった。改心楼の建設は幽学の門人が四百人になり門人がこれまでの教場に入りきれないために新たに稽古場を新築することになった。改心楼は大工事になり、工事の設計は幽学がすべておこなった。その規模が大きく、木材は門人から寄付を受け、金は立て替えた。立て替えた金は田地の耕作の勤労奉仕をおこないその収入で年賦返済した。嘉永五年には関東八州取締役が部下を動員して家宅捜査をした。取締役が恐れたのは建築物や土木工事よりも、そこに集まる四百人という人々の集団である。この時代は飢饉のよる打ちこわしや一揆がおき、大坂では大塩平八郎の乱が起き社会が大きく乱れていた。「牛渡村一件」の事件は幕府の勘定奉行の裁判に出された。そして、嘉永五年から安政四年という六年にわたる裁判がとりおこなわれた。当時の八石教会が迫害を受けるにいたった上申書が残っている。その文面には腐敗した八州巡りの悪い手さきどもの無道を憎むという当時の役人を批判したきびしい文面であった。越川氏はこれだけの文面が書けるのは長部村出身の幕臣、高松彦三郎またはその弟の彦七郎の手で幕府に出されたものであるとみている。

六年間という長い取り調べにたいして門人から領主へ嘆願書を出している。幕末の騒乱のときであり、裁判の業務はすすまなかった。

■江戸での滞在

裁判の期間中は幽学と主だった門人も江戸に滞在しなければならなかった。このための滞在費も莫大な費用になり、農作業にも影響した。門人とその子弟は師のため、また師の教えた道を守るために耐えながら生活をした。江戸に滞在したとき門人は生活費をかせぐために、武家屋敷の奉公人になったり、町の雑役についたり、米つき、写本、楊枝けずりなどをして費用をねん出した。村に残った門人は師のためにいままでよりも働き、農業で得た金を仕送りした。女、子供も年季奉公したり、子守にやとわれた。ある家庭は衣類を売り、その金を送った。幽学はそのお礼に女・子供の一人一人にまで礼状を書き送った。その文面には「涙とともに受けおさめ候」や「ああ申し送りたき事多し、筆に尽くしがたし、察すべし」という文面を送り、つぎのような歌を詠んでいる。

「面影を思いぞ出る夢ごとに通う心のありけるものを」

幽学は江戸に滞在中は神田柳原の民家に泊まった。彼は生活費をかせぐために刀剣の鑑定をし、その取引の手数料を得ていた。彼は江戸では紙子の羽織を着ていたため、骨董屋の間では「紙子老人」と呼ばれて知らない者はなかったという。彼は江戸滞在のときに短刀を鍛えている。自分が切腹するためのもので「難舎者義也（すてがたきはぎなり）」と刻していた。彼は刀を鍛えるだけの技術はすでに漂泊の旅で身に着けていた。

■取り調べの内容

幽学にたいする幕府の取り調べは（1）幽学の身許、（2）幽学の教説内容、（3）門人の学習と行動であった。このとき幕府の目付をしていた高松彦七郎が幽学の実兄と名乗って身元保証の証文を書いた。これにより幽学は無宿人の浪人でなくなり、取り調べを有利にしてくれた。越川氏は「幽学と高松家とは何らの関係もない。高松家はもと長部村の出身の幕臣であった。その一族が幽学の門人になっていた。この関係で高松彦三郎およびその弟の彦七郎は、日ごろから深く幽学を尊敬しており、ある意味では門人同様であった。彼らはこの事件で幽学の門人たちが師のため、苦労している姿を見て深く同情し、ことに幽学が無宿人あつかいを受けて、とり調べられることを遺憾に思い、自ら進んで、自分の弟として幕府に届け出たのである」とそのいきさつを述べている。この取り調べで興味のあるのが平山忠兵衛という人物である。身内や親戚に儒者や平田篤胤の門人がおり、儒学と国学をおさめた知識人であった。取り調べで役人の吉岡静助が「先生は博学でござるか」という質問に、忠兵衛は「私共のわかる事ではございませんが博学ではないように存じます」と答えている。幽学は石門心学の石田梅岩が「天地ができてから物ができた。文字が発明される前から、物そのものがあった。物に名がつく前に物そのものがあった。文字にたよる学問よりも、直接に物そのものから学ぶ学問が天道である」とみている。また、梅岩の弟子の中沢道二は「仏教の経文、儒学の経典などを読むときは文字ばかりにこだわっては文字の奥にある意味は理解できない」と教えている。石門心学では書物中心、文字中心の儒学の学習を厳しく批判している。二宮尊徳も「文字は道を伝える道具で、道ではない。書物を読んでそれを道具だと思うのは過ちではないか。道は書物でなく行いにある」と書物でなく実践を重んじた。この時代に幽学のような超越した思考の持ち主を誰が評価できただろうか。

■吉田松陰の儒学批判

吉田松陰もこれまでの儒学に対して強烈な批判をしている。松陰は「経書を読むにあたって、もっとも重要な問題は、聖人や賢人に追従しないということ。もし少しでも追従する気持ちがあると、道は明らかでなく、学問しても益が無くかえって害がある」と従来の考えを根底から批判している。そして、儒学の教えの矛盾を明かにしている（吉田松陰「講孟箚記」）。松陰の教えと同じように幽学は儒学を越えた実践の思想を農村に根ずかせた。儒学や国学などでは農業生産向上のためには何の意味もない。困窮した農村を儒学や国学では復興できない。幽学のような人物の評価は誰にでもできるわけがない。文字で書いた儒学や国学では困窮した農民を救うことはできない。図1は幽学の思想と技術体系を示したものである。これまでに研究されている彼の思想は図1の下段の神・儒・仏を基本にして、その上に中庸・大学・孝経がきて、その上に性学が来る。性学の基本は石田梅岩の石門心学からきている。石門心学は分かりやすく幽学は房総の人々に人の生きる道を教えている。生活が成り立たなくては中庸・大学・孝経も意味はない。科学的管理法で農業の能率を向上させるには、人びとがまじめに働かなくてはならない。そのために性学がある。朱子学で文字を学んでも、飢饉で荒廃した農村は生き変えらさせることはできない。科学的管理法で農村を改革させ、性学で人の生る道を教え、空海のマンダラのシステム思考で農村を根本から改革し、子孫永々相続講システムで農民が互いの助け合いあい、永遠に人々が生きる道を指導した。幽学の教えは時代を飛び越えていた。図1の左に示すように漂泊の旅で得た技術力は儒学者や役人では評価できない。尊徳も「わが教えは書籍を尊ばず」として聖典も経典もあくまでも生きるための手段にすぎないとみなしていた。幽学も尊徳も生きるための糧が入らないような儒学の言葉のみの教えなどは評価していない。

■幽学への判決

安政四年（六十一歳）江戸奉行から関係者の一一人に呼び出しがあり、江戸に出た。六年間にわたる取り調べの後に幕

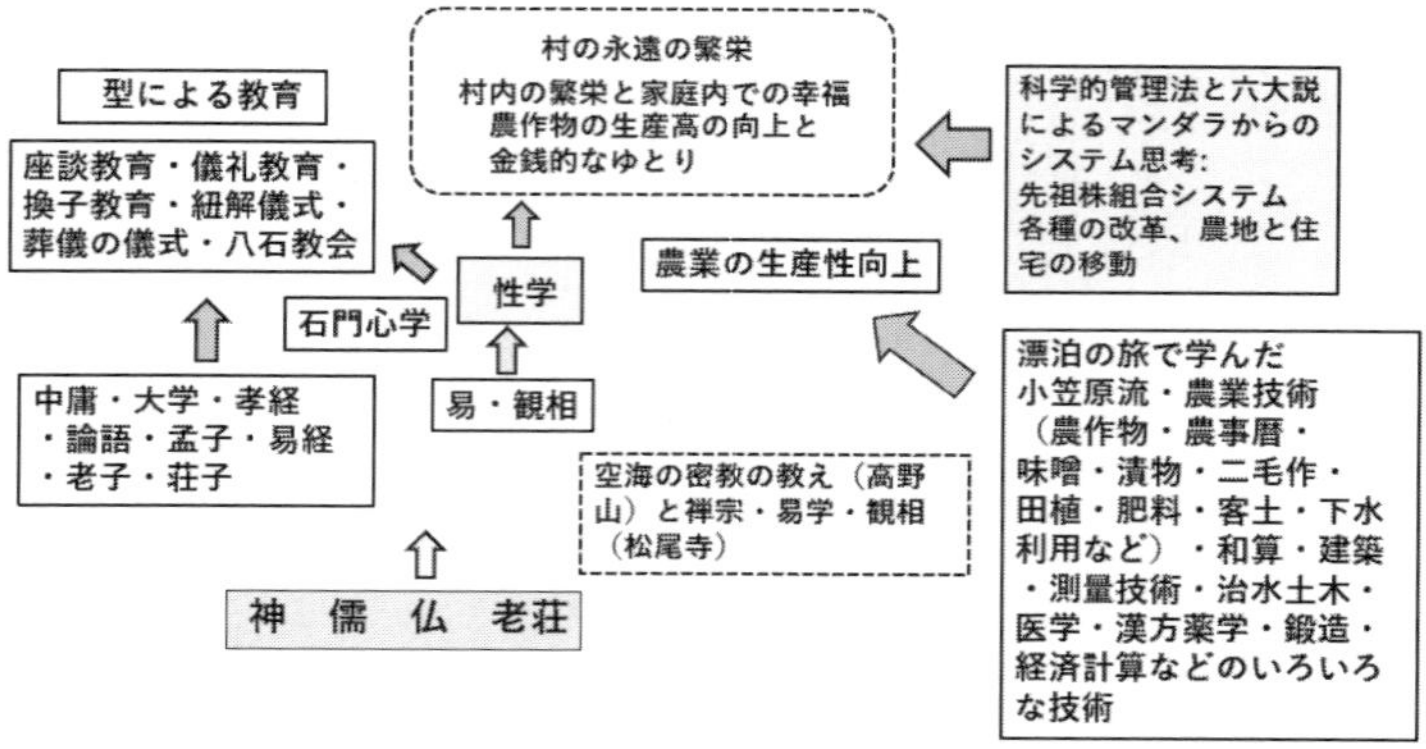

図1　幽学の思想と技術体系

府評定所の本多加賀守から判決が出た。改心楼に押し入った博徒の鏑木栄助、風窓判次等は追放処分された。判決の内容は「漂泊の身を性理教会を創立し、多くの門生を集め、大きな教堂を建築したのは穏やかでない。もって百日謹慎すべし、改心楼は速やかに取り潰す」というものであった。さらに、先祖株組合は株の割戻しを命じられた。この事件の裁許書をみると「大原幽学は奇怪なことなどは触れていない。中庸の教えを愚かな人々に分かりやすく説明している。また決まり事を守り、領主、地頭を重んじ、身を慎み、先祖父母等を大切にすることなどすべて百姓のためになることを教えている」と幽学のことをほめている。しかし、「浪人の身分で先祖株を提案して取り決めをしたり、田畑の取り扱いに問題があると百日の押込み」の判決がでた。幽学は小石川茗荷町の高松彦三郎方で謹慎することになった。門人たちはそのまま村に帰った。これだけの判決に六年を費やした。当時の幕府は浪人の動きや異端邪教には注意をしていた。しかし、この事件をもとに、幽学の農村指導は途中で止まってしまった。これまでに築いたことはすべて元の状態になってしまった。幽学は門人にかけた迷惑を考え武士としての誇りをもち、その責任をとった。すでに幽学の判決の出る一年前に、幽学と村人のために私財をなげうって働いた遠藤伊兵衛は七二歳で没していた。幽学は長部村に帰っても門人を指導した。彼は高松彦三郎宛に死後の門人のことを依頼した。幽学は切腹するうえで村人に迷惑をかけないようにした。彼は村人の仕事に迷惑がかからないように気を配った。田植えのための苗代の種子まきの時期であったために、村中をまわり村人を激励してまわった。彼は生前に「自分が死んでも葬式などはやるな。墓には土を盛って榊一本も植えておけばよい。五十年か百年もたったら、木の葉を分けて人が訪ねてこないともかぎるまい」と言った。安政五年三月七日、幽学は高弟菅谷幸左衛門に

図2　大原幽学の墓

髪を結いひげをそらせて湯に入り門人とともに夕食をした。最後の教訓をした。八日の三時に村の墓地において、新調の白絹の下着、黒絹の上着、白の帯、小倉の無地の袴の死出装束に着替えた。父から譲り受けた河内守助国の大小二振をそばにおいて、金三両を残して江戸で鍛造した小刀で切腹の作法により腹を十文字に掻き切った。誇り高い武士の最後であった。幽学が割腹したのは明治維新の十年前で、吉田松陰が刑死したのはその翌年であった。徳川幕府の幕藩制度は機能しなくなっていた。まさに幕末動乱のときで日本の夜明け前であった。図2は大原幽学が自害した場所に立つ墓石である。本来は幽学の墓は遺言で最初は墓標として榊が植えてあった。大正十一年に現在のような石の墓標が建立された。

■幽学の覚悟と武士

ローマにセネカという哲学者がいた。彼はストア学派としてつぎのような死生観をもつていた。「生きることが重要ではない。君の奴隷だってみんな生きているし、動物もみんな生きているよ。重要なのは立派に、思慮深く、勇敢に死ぬことなのだ（セネカ「書簡集」）」。これは日本の武士道にも通じる考えである。幽学は勇敢に切腹した。死はだれにでもやってくる。日本にも同じような死への志を詠ったものが万葉集にもでている。

「士（おのこ）やも　むなしくあるべき万代（よろずよ）に　語り継ぐべき　名は立てずして」

歌の意味は、「男たる者が、なすすべなくして空しく一生を終えていいものかどうか。いつの代までも語り継がれるような名をたてることのないままにして」である（渡辺昇一「ローマ人の知恵」）。大原幽学が切腹した翌年には吉田松陰が斬首された。松陰は自分の死について

「死して不朽の見込みあらばいつでも死ぬべし、生きて大業の見込みあらばいつでも生くべし」

松陰は目的のために死ぬことが本懐であるとその決意を述べて死んだ。幽学も松陰も武士であった。おのれの志のためには命をかけても惜しくなかった。その志はローマのセネカも幽学も吉田松陰も忠臣蔵の四十七士も西郷隆盛も同じであった

第十五章　江戸時代の大原幽学の取調べと現在の検察

■江戸時代よりも遅れてきた平成の官僚

ここでは、江戸時代の大原幽学の取り調べと平成の時代に検察の不祥事件であった郵便不正事件をとりあげて裁判の比較をしてみる。郵便不正事件は偶然、表に出た事件であるが二十一世紀の日本の官僚制度がいかに腐敗しているかが明らかになった。文系（法学部）の支配する日本の現状は江戸時代よりもはるかに遅れていることを明らかにする。郵便不正事件はほんの一例にすぎないが敗戦後の日本人は魂をなくし倫理道徳面で江戸時代よりも後退している。木村は幽学の門人二十一人について一人一人の性格や行いを解説しているが、平成二十八年にはこのような偉大な人物は日本から消えている（木村礎）。郵便不正事件はつぎのような事件である。二〇〇四年六月に「凜（りん）の会」という障害者団体が低料の郵便料金の優遇を得ようとして厚労省に虚偽の申請をした。これは郵便割引制

度の適用を受けるためのものである。このため証明書を発行するよう厚労省の上村係長に申請した。上村係長は障害者団体が不正な利益を出す目的でないと善意に受け止め証明書を発行したものである。証明書は偽りのものであった。この段階で「凜（りん）の会」代表の会長が逮捕された。検察はさらに、「凜（りん）の会」河野克史と上村係長を厚生労働省の公文書偽造として逮捕した。検察は証明書発行は凜の会元会長の倉沢邦夫被告（七六歳）が当時衆院議員だった石井一・参院議員（七六歳）に証明書が発行されるよう頼み、石井議員が当時の障害保健福祉部長に口添えした「議員案件」だったと指摘した。元部長の指示を受けた村木元局長（当時、企画課長）が上村被告に証明書を不正発行させたと主張した事件であった。検察は村木元局長を逮捕して拘置所に一六四日勾留した。

■調書を偽装する検察

ところが裁判において、捜査段階で村木厚子元局長の事件への関与を認めたとされる上村被告や元部長らが証人尋問で「調書はでっち上げだ」「事件は壮大な虚構」などと説明を一転した。横田裁判長は5月、検察側が立証の柱とした上村被告らの供述調書計四三通のうち三四通について「調書は検事の誘導で作られた」などと判断し、証拠採用しない決定をした。また、検察は「凜の会」の倉沢は石井議員の事務所を訪ねて口添えをたのんだと主張した。しかし、事務所を訪ねた日には、石井議員はゴルフ場にいた。検察の考えた倉沢が石井議員にあってたのんだという検察のストーリーは嘘であった。窮地に追い込まれた検察側は六月に論告した。倉沢元会長が「証明書は村木元局長からもらった」と説明した公判証言などを根拠に「元局長の指示はあったと考えるのが合理的だ」と主張し、懲役一年六カ月を求刑した。これに対して弁護側は「検察はストーリーに沿った調書を作成することに力を注ぎ、冤罪を発生させた」として無罪判決を求めていた。検察は危機感をいだいて六名という総動員で自分たちに都合の良い意見のみを述べたが、次々にでてくる証拠に調書のうそがでてきた。とくにフロッピーデスクの日付を改ざんしたことが明らかになり、判決では村木元局長は無罪になった。

■江戸時代よりも遅れていた捜査

事件そのものは厚労省の職員が障害者団体と信じて証明書を発行したとき、ただ単に適正な手続きを踏まなかった単純な事件であった。ところが検察はこの事件を、彼の上司である村木元局長を巻き込み、更にその証明書発行の背景に石井国会議員が便宜を図ったという事件にもちこむ筋書きであった。検察の特捜部が事件の筋書きをあらかじめ組み立て凶悪犯罪に仕立て上げる計画であった。検察側は村木氏を逮捕し一六四日も拘束し取り調べをした。この段階で検察に都合のよい調書を作成していた。検察は自らに都合のよいような証拠のみを取り上げたが、その証拠の嘘がつぎつぎにばれて村木氏は無罪になった。この裁判で特捜部長と副部長が逮捕され、捜査の主任検事の前田は押収したフロッピーデスクの日付を改ざんしたとして逮捕された。検察がいかにひどい捜査がなされているかを国民の前にさらけ出した大事件であった。

■村木元局長の発言

村木元局長は逮捕後の検察とのやりとりについて著書の中でつぎのような言葉を述べている（村木厚子「私は負けない」）。「なんでみんな、こんなに嘘をつくんだろう」と私が嘆いた時です。弘中先生（村木氏の弁護士）は、「みんなが嘘をついているわけじゃない。検事が自分の好きな調書をまず作ってしまう。そこから交渉が始まるんだ。調書とはそういうものなのだ」と弁護士から検察の手口を聞いていた。

「検察は、自分たちが想定しているストーリーに沿って、それに当てはまるような話を私から聞き出そうとします」

■小室直樹博士の語る日本の裁判の現状

●検察と国家権力

ここでは小室直樹博士に登場してもらう。筑波大学の加藤教授は小室直樹博士は日蓮以来三〇〇年間で日本で出現した天才のひとりであると述べている。ソ連の崩壊を一〇年前に予言して有名になった。物理学と数学の天才で、イスラム教・仏教・キリスト教・儒学・神道の専門家で経済学の権威であり、東洋史と西欧史の権威であり、軍事学の天才あり、国文学や心理学にも精通し国際法の権威でもあった。東京大学法学部で博士号をとった万能の天才である。語学は五ケ国語以上を駆使した。小室博士の書かれた「痛快憲法学」は憲法の本質をついた名著である。博士は日本人がいまだに刑事裁判の意味を理解していないと述べている。そして、博士のつぎの言葉がまさに郵便不正事件そのものである。「近代の裁判では要するに「検察官や刑事にはろくな奴はいない。国家権力を背中にしょっている連中は何をしでかすかわからない」と考えるのです」（小室直樹「日本人のための「憲法原論」）。「国家権力をもってすれば、どんな証拠もでっちあげられるし、拷問にかけて嘘の自白を引き出すことだって簡単にできる。そこまで、意図的ではないにしても、誤認逮捕などはしょっちゅう行われているに違いないと考えるのが、近代裁判なのです」。さらに「言うなれば検察＝性悪説が近代刑事裁判の大前提。国家は非常に強大な権力を持っているのですから、その権力の横暴から被告を守らなければならないというわけです」。小室博士はさらに、「日本の刑事裁判では実際に告訴された事件のうち、有罪判決が下される率は九十九パーセント以上にも上る」という。そして「検察に目を付けられて、訴えられたら、一巻の終わり」とのべている。小室博士は「九十九パーセントの有罪率というのは、どう考えても高すぎる」と述べている。さらに「日本の裁判官は、本当に検察官を裁いているのだろうか、被告の味方になってくれているのかだろうかと不安になってくるでしょう」とも述べている。日本の検察の捜査法は時代に逆行するもので、大東亜戦争でソ連に抑留された多くの日本人捕虜がソ連共産党による強引な尋問で白を黒にして有罪になったのと同じ手法である。

■官僚独裁国家の日本の現状

小室博士は現在の日本は立法・司法・行政は官僚が支配している独裁国家であると述べている。「霞が関のエリート官僚たちは、議会を乗っ取って議員たちの代わりに法律を作り、また内閣を乗っ取って、首相や大臣の代わりに政策を決定している（「憲法原論」）」。「また彼らは司法権力を自分のものにしている。つまり司法・行政・立法の三種はすべて彼らの手のうちにあるのです」と述べている。さらに「裁判所は今でもあります。しかし、君も知らない場所に「もう一つの裁判所」があるのです。その裁判所を仕切っているのが、官僚です」。アメリカやイギリスでは裁判所が法令の解釈を最終的に決めている。これがデモクラシーの常識である。ところが日本では市町村役場で解決できないと県庁に訴える。すると県の役人が結論をだす。しかし、結論がでないと霞が関の役人が最終結論をだすのが日本の制度であると述べている。博士は「近代デモクラシー国家では法律は議会が定め、その法に基づいて政府が行政をし、裁判所がその解釈をする。それぞれの役割を分けることによって、法の乱用を防ごうとしているのです。ところが日本では法は役人が作り、役人がその法を運用し、しかも法の解釈までもおこなっている」。これについて博士は「これはヒトラー以上の独裁です。ヒトラーは全権委任によって、議会から立法権を与えられたけれども、司法権までは持たなかった。ヒトラーでさえやらなかったことが日本ではおこなわれているのです（「憲法原論」）」と日本の現状に警鐘をならしてきた。

■大原幽学の裁判と村木裁判の比較

大原幽学は幕府の勘定奉行の裁判にだされた。裁判は六年にわたって行われた。六年という長い期間がかかったのは、幕末でもはや江戸幕府の機能は働いていなかったからである。裁判には費用がかかることは現在も昔も同じである。大勢の人が幽学をささえた。房総（千葉）の村人が江戸にでて奉公人や市中の雑役について収入を得て幽学を支援した。中には「米つき」「写本」「楊枝削り」などをして生活し、村に残った門人は農業に精をだして江戸に仕送りをした。幽学は江戸の民家に泊まり、生活のために刀の鑑定をしたり、刀の取引の世話をして収入をえていた。厚労省の高官である村木氏も裁判には莫大な費用がかかったはずである。大胆な仮説であるが、ここでは厚労省の村木元局長と大原幽学の裁判を比較してみる。

（1）二十一世紀の留置と江戸時代の幽学

二十一世紀の厚労省の高官である村木元局長はまだ犯人ともわからない状態で、畳二畳にトイレと洗面台という狭い空間の留置所に入れられた。一六四日間もこの狭い空間に犯罪者と同じ扱いで閉じ込められていた。まだ犯人とも決まっていない段階での扱いでは幽学のほうがはるかに優遇されていた。幽学は裁判の期間中に刀の鑑定や取引で生活をしながら、和紙に柿渋を塗った羽織を着て、骨董商を訪ねていたため、江戸では「紙子老人」として誰もしらないものがなかった。幽学はここで切腹のための短刀を一振り自ら鍛造している。幽学は下宿先に滞在して自由に動いていた。しかし、幕府は彼に隠密をつけて身辺を監視させていた。ところがこの隠密の神谷という人は、職務上で幽学を監視していたが、幽学に接してその気高い風格にひきつけられた。彼は「いままでこのような立派な人はみたことがない」として幽学の門人になった。おそらく誇り高い土佐の人である村木元局長も留置所でなく、自宅や下宿にいるとその気高い人格にひかれて大勢の人がついてきたであろう。現在の長期にわたる身柄拘束による、「人質司法」では、捜査機関の思い通りの調書をとるのには都合がよい。幽学の裁判では、取り調べた武士も誇り高い道徳があり、彼の身元を引き受けた武士の高松彦三郎も情のあつい見識の高い人物であった。平成時代の文系法学部出身の検察は相手の地位も名誉も無視した取り調べをおこなっている。彼らは江戸時代の役人よりも劣る非論理的な思考法で、でたらめな取り調べをしている。

（2）幽学と村木への判決

■大原幽学の判決

大原幽学の判決は六年かかって本多加賀守がだしている。この事件の裁許書には、彼が無学な農民に儒教の中庸の教えをとし、領主や地頭を重んじて、その身を慎んで、父母をたいせつにするなど、幽学のおこなった業績をほめている。ただし、彼のおこなった独創的な農地交換や田畑の統一化などは理解していなかった。また彼が始めた先祖株などもそうであった。しかし、幽学がこれまでに村の復興に尽くしたことを高く評価している。農民から多くの嘆願書も出されている。判決では小石川の高松彦三郎宅にて百日の謹慎であった。彼のために働いた遠藤良左衛門には過料（軽い過ち）として三貫文、その他の者には誡告（いましめ）があった。

■村木元局長の判決

検察は元局長を一六四日間も狭い拘置所に閉じ込めて、でたらめな調書の作成をさせられている。局長が過去に多くの優れた業績をあげながら、これらのことは一切評価されてない。これは異常である。人間は過去に残した業績を評価せず、無能な検察に取り調べをうけるのは屈辱である。取り調べをする検察も自らの業績や能力を、取り調べる相手に明らかにすべきである。さらに村木元局長の業績をも情報公開すべきである。無能な検察官に取り調べを受けるのは恥である。江戸時代でも相手の身分に応じた取り調べをしている。明治維新からこのかた、法学部中心の文系の学問はなんら進歩してこなかったことを明らかにした裁判であった。同じような事件が次々に起きている。大川原化工機事件では科学技術のイロハも知らない文系の警視庁の公安が無実の罪で3人を逮捕している。杜撰な捜査とでたらめな証拠で無実の人間を有罪に持ち込もうとした事件であった。

■孟子の教えに反する検察のエリート官僚

二宮尊徳も大原幽学も孟子や論語は何度も読んでいる。論語や孟子などの四書は当時の人々には常識であった。孟子は紀元前三七二年から紀元前二八九年に活躍した人である。孟子は人間として四つの条件を備えていないと人間でないという。すなわち

「**惻隠**（そくおん）の心」つまり同情心のないものは人でない。

「**羞悪**（しゅうお）の心」つまり自分の不善を恥じ、人の不善を憎む心のないものは人でない。

「**辞譲**（じじょう）の心」つまり他人に推し譲る心のないものは、人でない。

「**是非の心**」つまり善を善とし悪を悪とする心のないものは人でない」。

検察の高級官僚はこの条件をすべて満たしていない。このため、「人間」ではなくなる（湯浅幸孫訳「孟子」）。江戸時代の武士・農民・町人には常識であった人間の条件が戦後では完全に忘れさられている。戦後の最高学府をでた文系法学部のエリートは人間の条件を満たしていないことに驚きと戦後の教育の崩壊をみることができる。

第十六章　最後に

どのような人間も無限の可能性を備えて生きている。その本性をみつけて人を育てることである。そのために「道」を学ばなければならない。幽学はこれを「養道」といった。そのためには、人間はそれぞれの、「器量」に応じて教え、学ばなければならない。幽学は相手の器量を知るために時間をかけて向きあった。その人の器量すなわち能力や力量を発見して発揮させることが上にたつものの条件である。これは吉田松陰と同じ教育法である。幕末に活躍した松下村塾で松陰は塾にくる一人一人の器量を観ながら教えたのと同じである。もう一つの幽学の教育の特色は生活の中で「型」から入っていることである。彼の教育は「型」を用いて人々を導いたことである。型こそ日本文化の基本である。幽学は一年中の行事はすべて型とみなした。正月のしめ縄、雑煮、おそなえ餅などの型による意味とそれを生活のなかで祝う意味を人々に教えた。七五三や元服式などの儀式を型とみて祝いのなかからそれを教育の場にかえていった。さらに性学という教えを儒学・神道・仏教・石門心学や空海などの教をもとに、二四年にわたる漂泊の旅で独自の哲学を考え出した。しかし、幽学の根底には「衣食住を整わないで何で道徳をおこなうことができようか」と道徳とともに農業で生きることに重点においた。そのためには農業の生産性を高めなければ人々の生活は豊かにならない。幽学は長部村で科学的管理法を用いて農家と農村を改善した。ムダを無くして能率的な作業や生活を教えた。しかし、一軒一軒の農家の改善だけではでは限界があることをみていた。このため、農村を「システム」とみなして村全体の生産性向上をめざして計画をたてて実践した。彼はこれまでの人では思いもつかないシステム思考という独創的な発想により「先祖株組合」「ほ場整理」「耕地整理」「土地の交換」などを実現してきた。農村においては「人」や「物」の動きを能率的におこない、野良仕事での種まきの時期や稲刈りの時期などの「情報」の流れを改善しないと農業の生産性を向上ができないことを指導した。このように幽学は人、物、情報や金の動きから農村をシステムとしてとらえていた。村全体の生産性高めないと一軒一軒の農家の改善だけでは限界があることを見ていた。これはだれでもできるものではない。若いころ、高野山で学んだ空海の教えと六大体大説とマンダラの教えこそシステム思考の原点である。彼の実行した独創的な仕事はだれにでもできない。漂泊の浪人がおこなった独創的な業績は当時の役人には理解できなかった。まさに誇り高い武士であった。明治の預言者である内村鑑三は「武士道は神が日本人に賜ひし最大の賜物であって、是れがある間は日本は栄え、是れが無くなる時に日本は亡ぶるのであると」と述べている。まさに幽学は農業において武士道を実践した日本人であった。

■武士道の魂をもっていた明治の日本人

二〇一四年に韓国で起きたセウオル号の転覆事件を思い出すとよい。船長は乗客を残して下着姿でわれ先に逃げて救助されている。一方の日本では明治四十三年に佐久間勉艇長以下十四名の乗組員の第六号潜水艇（潜水艦）が訓練中に事故にあり沈没した。このとき酸素もなくなる中で艇長は冷静で沈着にあらゆる復旧処置を行ったが回復しなかった。乗組員も持ち場を離れずに全力で修理をした。しかし、浮上しなかった。乗組員が衰弱する中で佐久間勉艇長は最後の力をふりしぼり、手帳に沈没の原因、船内の機械や測定器のデータと状況を克明に書き残し、二度とこのような事故がないような記録を残した。そして、そのまま息絶えた。事故のあと、引き上げられた潜水艇のハッチを開けるとき乗組員の遺族たちは遠くに退けられた。それは欧米では潜水艇での事故ではハッチを開くとわれ先に逃げようと出口に殺到して息絶えているのが通例であった。この悲惨な状況を家族に見せまいとした。ところがハッチを開いても誰の姿もなかった。それは佐久間勉艇長以下十四名が自分の持ち場で生きているように息絶えていたためである。佐久間勉艇長は手帳の中で、死ぬ前に部下の家族の生活を心配して、天皇陛下と上官に遺書を書き残した。残された家族への思いやりである。艇長は「謹んで　陛下に白す、我が部下の遺族をして、窮するもの無からしめたまはらん事を、我が念頭に懸かるものこれあるのみ」と、部下の家族を心配して息絶えた（TBSブリタニカ編集部「佐久間勉艇長の遺書」）。残された部下の遺族のことを思い、生活に困らないように時の大臣、中将、小将などにお願いの手紙を残している。自分を犠牲にして部下の家族のことまで思いやる武士道精神が日本人にはある。

武士道なき韓国と武士道の日本では人間の生きざまにここまで違いが起きている。修学旅行に韓国にでかけている日本の学校があると聞いた。この学校ではセウオル号の船長の心意気を学ぶためにわざわざ韓国まででかけている。不思議な学校の教員が日本にいるものである。日本人はたった一度の敗戦で思考が停止してしまっている。

■これから勉強する人のために

幽学に関心のある人は左記の大原幽学記念館を訪問することをお勧めしたい。

大原幽学記念館：大原幽学の遺跡と資料が昭和六一年に寄贈され、平成三年には幽学関係の資料が国の重要文化財に指定された。これをうけて干潟町では、平成元年に遺跡を史跡公園として整備、また幽学関連資料郷土の歴史・民俗に関する資料を保存公開するための施設として、大原幽学記念館を設立した。住所：千葉県旭市長部345-2（大原幽学記念館ホームページを参照されると詳細な内容が見ることができる）

著者

北岡正敏（きたおか　まさとし）

神奈川大学名誉教授

工学博士（京都大学）

専門：経営工学（知能生産システム技術、品質工学、信頼性工学、システム工学、ロジスティクス工学など管理技術）、自動化制御工学・軍事兵站史

著書：二宮尊徳への道、モンゴル襲来と国土防衛戦、蒙古襲来の真実、物流システム設計のすすめ方、流通システム設計、待ち行列理論入門、ハードウエア・ソフトウエアの基礎、翻訳：ファジイネットワーク工学他二十九冊

参考文献

田尻稲次郎「幽学全書」同文館、大正2年
飯田伝一「大原幽学の事蹟」刀江書院、昭和16年
鴇田恵吉「大原幽学選集」讀賣新報社、昭和19年
千葉県教育会「大原幽学全集」千葉県郷土資料刊行会、昭和47年
越川春樹「大原幽学研究」理想社、昭和32年
中井信彦「大原幽学」吉川弘文館、昭和38年
木村礎「大原幽学と門人たち」名著出版、1996
木村礎「大原幽学とその周辺」八木書店、昭和56年
下程勇吉、久木幸男「二宮尊徳、大原幽学」玉川大学、昭和51年
大畑才蔵全集編さん委員会「大畑才蔵」橋本市、平成5年
塚本哲三「心学道話集」有朋堂、大正3年
柴田実「石門心学」日本思想体系、1971
石川謙「石田梅岩と都鄙問答」岩波新書、1968
空海全集編輯委員会「弘法大師空海全集：筑摩書房、1983
飯島太千雄「空海大字林」講談社、1983
金岡秀友「密教の哲学」講談社、1989
筑波常治「日本の農書」中公新書、昭和62年
山田他編集「日本農業全集第一集・第二集」農山漁村文化協会、昭和57年
農業土木学会「水土を拓いた人びと」農文協、1999
児玉幸多編「産業史Ⅱ」山川出版、昭和40年
上野陽一「能率学原論」技法堂、昭和30年
佐々木聡「科学的管理法の日本的展開」有斐閣、1998
高橋衛「科学的管理法と日本企業」お茶の水書房、1994
FWティラー、上野訳「科学的管理法」産能大学、昭和46年
P.F.ドラッカー、上田訳「イノベーションと企業家精神」ダイヤモンド、1985
大野耐一「トヨタ生産方式」ダイヤモンド社、昭和53年
桜井邦朋「なぜ宇宙は人類をつくったのか」祥伝社、平成20年
宮家準「日本の民俗宗教」講談社学術文庫、1999
喜田川二郎「創造と伝統」中央公論

日本人を導く大原幽学

二〇二五年二月十日　初版第一刷発行

著　者　北岡正敏

発行者　谷村勇輔
発行所　ブイツーソリューション
〒四六六・〇八四八
名古屋市昭和区長戸町四・四〇
電　話　〇五二・七九九・七三九一
ＦＡＸ　〇五二・七九九・七九八四
発売元　星雲社（共同出版社・流通責任出版社）
〒一一二・〇〇〇五
東京都文京区水道一・三・三〇
電　話　〇三・三八六八・三二七五
ＦＡＸ　〇三・三八六八・六五八八
印刷所　藤原印刷

ISBN978-4-434-35262-1